Königs Erläuterungen und Materialien
Band 315

Erläuterungen zu

Georg Büchner

Woyzeck

von Rüdiger Bernhardt

Über den Autor dieser Erläuterung:

Prof. Dr. sc. phil. Rüdiger Bernhardt lehrte neuere und neueste deutsche sowie skandinavische Literatur an Universitäten des In- und Auslandes. Er veröffentlichte u. a. Monografien zu Henrik Ibsen, Gerhart Hauptmann, August Strindberg und Peter Hille, gab die Werke Ibsens, Peter Hilles, Hermann Conradis und anderer sowie zahlreiche Schulbücher heraus. Seit 1994 ist er Vorsitzender der Gerhart-Hauptmann-Stiftung Kloster auf Hiddensee.

6., korrigierte Auflage 2007
ISBN 978-3-8044-1744-1
© 2002 by C. Bange Verlag, 96142 Hollfeld
Alle Rechte vorbehalten!
Herstellung: Andrea Ruf
Titelabbildung: Foto: Joerg Metzner, Berlin. Arnim Beutel als Woyzeck in der Theateraufführung „Woyzeck" des carrousel Theaters an der Parkaue, Berlin
Druck und Weiterverarbeitung: Tiskárna Akcent, Vimperk

Zitiert wird nach Georg Büchner: *Woyzeck,* hg. von Burghard Dedner. Stuttgart: Reclam, 1999 (Universal-Bibliothek Nr. 18007). Zitatnachweise aus diesem der Erläuterung zu Grunde gelegten Werk schließen direkt an das jeweilige Zitat an. Die erste Zahl gibt dabei die Seite an, die zweite die Druckzeile. Abweichungen von der gültigen Rechtschreibung ergeben sich aus dem Lautstand der zitierten Studienausgabe.

Vorwort

Georg Büchners dramatisches Fragment *Woyzeck* behandelt **einen berühmten Kriminalfall** in der deutschen Literatur und ist eines ihrer bekanntesten Werke. Er wurde mehrmals kommentiert und löste aufwendige gerichtspsychiatrische Auseinandersetzungen aus. Die Bedeutung des Stücks liegt in den **sozialen Fragestellungen**, in seinem Inhalt, seiner Form und wurde durch seinen jugendlichen Verfasser vergrößert, der ein konsequenter Revolutionär war. Nicht zuletzt ist das Stück nach wie vor brennend aktuell: Meldungen, im Milieu Obdachloser und ähnlicher Gestrandeter habe sich ein Mord an einer Frau ereignet, finden sich öfters in den Tageszeitungen.

Georg Büchner, der als 23-jähriger Privatdozent im Exil starb, war seiner Zeit voraus, schuf eine neue Dramenform, geprägt durch die Autonomie der Szene, und hatte die Lösung sozialer Widersprüche im Sinn, die heute noch ungelöst sind. Als Ursache dieser Widersprüche erkannte er die ungerechten Verteilungsprinzipien der bürgerlichen (kapitalistischen) Gesellschaft, für ihn im Widerspruch von Arm und Reich, Hütten und Palästen gegenwärtig. Das war für Büchner ein Kernpunkt seiner materialistischen Weltsicht: „Das Verhältnis von Armen und Reichen ist das einzige revolutionäre Element in der Welt."[1] Diese Erkenntnis brachte er ins Wort und gestaltete im *Woyzeck* die **Deformation eines Menschen** zum animalischen Wesen, wenn ihm Besitz, soziale Anerkennung und lebensnotwendiges Geld fehlen: Als letzten Widerstand gegen seine Rückbildung zum Tier begeht er einen Mord. Der Tambour-Major hatte ihn aus dem einzigen noch vorhandenem Umfeld, in dem er er selbst sein konnte, der Beziehung zu Marie, verdrängt. Die Ursachen dafür sah Büchner im „gesetz-

---

1   Brief an Karl Gutzkow, wahrscheinlich 1835. In: Bergemann, S. 418

lichen Zustand", im „Gesetz, das die große Masse der Staats-
bürger zum fronenden Vieh macht, um die natürlichen Bedürfnisse einer unbedeutenden und verdorbenen Minderzahl
zu befriedigen".[2] Mit aller Entschiedenheit wollte er dagegen
kämpfen und Veränderungen erwirken. Er schuf dabei eine
neue Kunst, die heute als Beginn der Moderne gilt und mit der
Kunst zwischen Romantik und Vormärz, in die er zeitlich gehört, kaum etwas zu tun hat. Das war ihm nicht bewusst,
zumal er sich als zeitgenössisch begriff, Elemente der Romantik in den *Woyzeck* aufnahm – Volkslieder und Märchen – und
in Schriftstellern des Vormärz wie Karl Gutzkow Partner sah.
Den romantischen Rückgriff ins Mittelalter allerdings lehnte
er ab.
Sein Werk gewann erst seit 1878 an der Seite des entstehen-
den deutschen Naturalismus an Bedeutung, um seither stetig
berühmter zu werden. Heute ist Georg Büchner der bedeu-
tendste deutsche Schriftsteller am Beginn der Moderne.
Die Handschriften sind schwer lesbar oder unlesbar.[3] So hat
es immer Versuche gegeben, aus den Arbeitsstufen einen Text
zu schaffen, auf den sich Leser, Verlage, Theater und Wissenschaftler verständigen können.

Zitiert wird nach Georg Büchner: *Woyzeck*, hg. von Burghard
Dedner. Stuttgart: Reclam, 1999 (Universal-Bibliothek Nr.
18007). Zitatnachweise aus diesem der Erläuterung zu Grunde
gelegten Werk schließen direkt an das jeweilige Zitat an. Die
erste Zahl gibt dabei die Seite an, die zweite die Druckzeile.
Abweichungen von der gültigen Rechtschreibung ergeben sich
aus dem Lautstand der zitierten Studienausgabe.

---

2   Brief Georg Büchners vom 5. April 1933 an die Familie. In: Bergemann, S. 389
3   Gerhard Schmid: *Probleme der Textkonstituierung bei Büchners Woyzeck*. In: Werner 1988,
    S. 207–226

1. Georg Büchner: Leben und Werk[4]

1.1 Biografie

Jahr	Ort	Ereignis	Alter
1813	Goddelau (Hessen-Darmstadt)	17. Oktober: Karl Georg Büchner als Sohn des Arztes Ernst Karl B. und seiner Ehefrau Caroline Luise B. geboren. Georg Büchner stammt aus einer Arztfamilie.	
1816	Darmstadt	Vater wird Bezirksarzt und Großhrzl. Medizinalrat.	3
1819		Erster Unterricht durch die Mutter bis 1820	6
1821	Darmstadt	Aufnahme in die „Privat-Erziehungs- und Unterrichtsanstalt" (Dr. Karl Weitershausen)	8
1824	Darmstadt	Bruder Ludwig Büchner geboren (gest. 1899) (damals bekanntestes der sieben Geschwister), mit seinem Buch *Kraft und Stoff* (1855) propagierte der praktische Arzt einen mechanischen Materialismus, der im Naturalismus einflussreich war. – Die Geschwister waren hoch begabt.	11

---

4 Neben Hauschild informiert übersichtlich: Thomas Michael Mayer: *Georg Büchner*. In: Arnold I/II, S. 357–425

Jahr	Ort	Ereignis	Alter
1825	Darmstadt	Ostern: Aufnahme ins Gymnasium (Großherzogliches Pädagog). Umfangreiche Lektüre, darunter Homer, Shakespeare, Goethe, Schiller, Jean Paul, Tieck, Herder, Heine und Volkspoesie.	11
1828	Darmstadt	Zirkel von Primanern, in dem religiöse, moralische und auch politische Fragen diskutiert wurden.	15
1829	Darmstadt	Schulrede, dabei Fichtes *Reden an die deutsche Nation* verwendet, die zu seiner Lieblingslektüre gehörten.	16
1830	Darmstadt	Rede zur Schulabschlussfeier über *Verteidigung des Cato von Utika*: Büchner lobt den selbstlosen Einsatz eines republikanischen Römers und zieht ihn dem Herrscher Cäsar vor. Er versteht das sehr aktuell.	17
1831	Darmstadt	März: Öffentliche Abiturrede. Reifezeugnis.	17
	Straßburg	Medizinstudium; Wohnung bei dem Pfarrer Jaeglé, in dessen Tochter Louise Wilhelmine (Minna) Büchner sich verliebt. Sie sind mit Büchner entfernt verwandt.	18

Jahr	Ort	Ereignis	Alter
	Straßburg	17. November: durch seinen Studienfreund Eugen Boeckel Kontakt zur Studentenverbindung „Eugenia". (Eigentlich nur für Theologen.) Mittelpunkt sind die Brüder Adolph und August Stöber, mit denen sich Büchner befreundet.	18
1832	Straßburg	März: heimliche Verlobung Büchners mit Wilhelmine; Büchner spricht mehrfach in „Eugenia" über die unhaltbaren gesellschaftlichen Zustände und die sozialen Gegensätze von Arm und Reich.	18
	Paris	Juni: Volksaufstand, die Eugenia wird politisiert.	
1833		3. April: Anlässlich des Frankfurter Wachensturms Bekenntnis zum gewaltsamen Umsturz der sozialen und gesellschaftlichen Verhältnisse, Bekanntschaft mit Saint-Simonisten	19
	Darmstadt	Juni: Wanderung durch die Vogesen; Ende Juli: Rückkehr ins Großherzogtum, um die gesetzlich vorgeschriebenen 2 Jahre an der Landesuniversität Gießen zu studieren.	

Jahr	Ort	Ereignis	Alter
	Gießen	31. Oktober: Immatrikulation an der Universität Gießen und besonderes Interesse für vergleichende Anatomie.	20
	Darmstadt	Nach schwerer Erkrankung (Hirnhautentzündung) Rückkehr ins Elternhaus.	
1834	Gießen	Lebenskrise: sogenannter *Fatalismusbrief*[5] an Minna; Januar: Fortsetzung des Studiums. Büchner lernt den „roten August" (August Becker) kennen, der ihn an den Pfarrer **Friedrich Ludwig Weidig** vermittelt.	20
	Gießen	Mitte März/April: Gründung der Gesellschaft der Menschenrechte (erste frühkommunistisch revolutionäre Vereinigung in Deutschland). Erarbeitet die Flugschrift *Der Hessische Landbote*, von Weidig entschärft.	
	Straßburg	Ostern: offizielle Verlobung mit Wilhelmine Jaeglé.	
	Darmstadt	Mitte April: Gründung einer Sektion der Gesellschaft der Menschenrechte.	

---

5 Während die Werkausgabe (Bergemann, S. 395) diesen Brief im November 1833 vermutet, datiert ihn Poschmann (S. 290) etwa Mitte März 1934.

Jahr	Ort	Ereignis	Alter
	Ruine Baden-burg (bei Gießen)	Juli: Gründungsversammlung des „Pressvereins" auf Betreiben Weidigs: Rahmenprogramm für Flugschriften	20
	Butzbach u. a.	Der drohenden eigenen Verhaftung entgeht Büchner durch resolutes Auftreten und ein fingiertes Alibi.	
	Darmstadt	Büchner bereitet sich auf das Examen vor, intensive Beschäftigung mit der Französischen Revolution.	
	Darmstadt	Herbst: politische Arbeit in der Gesellschaft, Waffenübungen, Vorbereitung der Befreiung Minnigerodes u. a.	21
1835	Darmstadt	konspirative Tätigkeit, gerichtliche Vorladungen, Arbeit an *Dantons Tod*, Manuskript an Karl Gutzkow gesandt (erscheint unvollständig in der Zeitschrift *Phönix*).	
	Straßburg	März: Flucht vor der drohenden Verhaftung über die französische Grenze ins Exil; er meldet sich als Jacques Lutzius bei den Behörden. Freundschaft mit Wilhelm und Caroline Schulz beginnt und dauert bis zu Büchners Tod.	

Jahr	Ort	Ereignis	Alter
	Frankfurt	18. Juni: Steckbrief Büchners erscheint; Büchner übersetzt Dramen Victor Hugos.	21
	Straßburg	Beginn mit der Untersuchung über das Nervensystem der Fische für die Promotion	
1836	Straßburg	Die Société d'histoire naturelle de Strasbourg ernennt ihn zum Mitglied.	22
	Straßburg	Philosophische Studien; Arbeit an *Leonce und Lena* und *Woyzeck*. Vorarbeiten zu einem Drama: *Pietro Aretino*.	
		Besuch der Mutter und Schwester Mathilde.	
	Zürich	3. September: Universität Zürich verleiht Büchner die „philosophische Doktorwürde".	
	Zürich	18. Oktober: Übersiedlung nach Zürich	23
		Probevorlesung, Privatdozent	
1837	Zürich	Januar: Erkrankung an Typhus	23
	Zürich	19. Februar: Tod in Anwesenheit von Wilhelmine Jaeglé und zwei Tage später Beerdigung unter großer Teilnahme auf dem Friedhof am Zeltberg.	

Jahr	Ort	Ereignis
1875	Zürich	Überführung der Gebeine auf den Friedhof am Zürichberg. Auf dem Grabstein stehen die **Verse Georg Herweghs**: „Ein unvollendet Lied sinkt er ins Grab,/Der Verse schönsten nimmt er mit hinab." (1841)
1997	Goddelau	Im Geburtshaus wird ein Museum eröffnet.

1.2 Zeitgeschichtlicher Hintergrund

Georg Büchners Geburtstag fällt auf einen wichtigen Tag des 19. Jahrhunderts: Am 16. Oktober griffen die verbündeten Armeen Preußens, Österreichs, Russlands und Schwedens Napoleon bei Leipzig an, nachdem die französische Armee 1812 in Moskau eine vernichtende Niederlage erfahren hatte. Die Völkerschlacht bei Leipzig veränderte

Völkerschlacht bei Leipzig

die Welt. Die napoleonische Herrschaft über Europa war zu Ende und der Wiener Kongress 1815 restaurierte die überholten Machtverhältnisse der feudalen Duodezherrscher (Fürsten über kleine und zersplitterte Herrschaftsgebiete). Das bedeutete auch die Zementierung territorialer Zerrissenheit. Andererseits hatte sich im Kampf gegen die Fremdherrschaft eine patriotische Kraft und eine Vorstellung von deutscher Nationalität entwickelt, die sich nicht mehr völlig verdrängen ließ. Hinzu kamen die durch Napoleon durchgesetzten bürgerlichen Rechte wie die Einführung des Code civil und ein sichtbarer Fortschritt in den Rheinbundstaaten. Auch hatte sich in der Bildung eine neuhumanistische und naturwissenschaftliche Thematik durchgesetzt und war an die Seite der klassischen Fächer getreten, wodurch politische und soziale Interessen der Schüler entwickelt wurden. Insofern wurde die Julirevolution 1830 für aufgeschlossene Geister wie Georg Büchner die Fortsetzung des Kampfes um bürgerliche Rechte und Freiheiten. Büchner und seine Freunde sollen sich „nur mit den Worten ... ‚Bon jour, citoyen!'" (Guten Tag, Bürger) gegrüßt haben.[6]

Georg Büchner forderte Kampf und führte ihn auch, deshalb wurde er verfolgt. Seine Schriften galten als unsittlich und mit dem „Jungen Deutschland", zu dem er nicht unbedingt gerech-

---

6 Poschmann, S. 288

mit dem „Jungen Deutschland", zu dem er nicht unbedingt gerechnet werden wollte[7], geriet er in Verruf. Seine Ansichten waren radikaler als die des Jungen Deutschlands. Er warf ihm vor, dass mit „Tagesliteratur eine völlige Umgestaltung unserer religiösen und gesellschaftlichen Ideen" angestrebt werde. Das sei die Folge eines „völligen Misskennens unserer gesellschaftlichen Verhältnisse".[8] Er forderte stattdessen die Fokussierung auf das unterdrückte Volk und die sozialen Gegensätze.

Am 10. Dezember 1835 verbot der Deutsche Bundestag die Schriften des Jungen Deutschlands. Am 1. Dezember 1835 war das erste Heft der *Deutschen Revue* erschienen, die dem Jungen Deutschland Sicherheit bringen sollte. Die Herausgeber Wienbarg und Gutzkow hatten sich jener Schriftsteller versichert, die für diese Idee standen. Georg Büchner und sein Freund Wilhelm Schulz gehörten dazu.[9] Büchners politische Vorstellungen und

Vorstellungen und Ziele

Ziele wurden im *Hessischen Landboten* deutlich. Büchner hatte durch August Becker den wichtigsten Oppositionellen von Oberhessen kennen gelernt, den Theologen Dr. Friedrich Ludwig Weidig. Büchner schrieb seine berühmte Flugschrift, die von Weidig überarbeitet, er ersetzte etwa „reich" stets durch „vornehm" und entschärfte damit die soziale Stoßrichtung, und mit dem Titel versehen wurde. Die Zusammenarbeit beider war nicht problemlos, wollte doch Büchner den Vierten Stand über einen revolutionären Umsturz an die Macht bringen. Das Motto des *Hessischen Landboten* „Friede den Hütten! Krieg den Palästen!" war ernst gemeint. Für Georg Büchner

---

7   „Übrigens gehöre ich für meine Person keineswegs zu dem sogenannten Jungen Deutschland, der literarischen Partei Gutzkows und Heines." *Brief an die Familie* vom 1. Januar 1836. In: Bergemann, S. 430.
8   ebd., S. 430 f.
9   Vgl. Dietze, S. 79.

Georg Büchners war mit widersprüchlichen Denk- und Anschauungsweisen im Elternhaus aufgewachsen, hatte aber auch gegenseitige Toleranz erlebt. Büchners philosophische und politische Ansichten waren radikaldemokratisch und nahmen frühsozialistische Anschauungen vorweg. Damit war er seinen Zeitgenossen voraus. Diese Bewertung Büchners hat sich, gemeinsam mit dem Werk, durchgesetzt.

Zwar Zufall, aber doch aufschlussreich ist das **Geburtsjahr** Georg Büchners 1813. Es ist auch das Geburtsjahr Friedrich Hebbels, Otto Ludwigs, Richard Wagners, Giuseppe Verdis und des Dichters des Epos *Dreizehnlinden,* Friedrich Wilhelm Webers. Die Gegensätzlichkeit von Kunstauffassungen in gleicher Zeit – Georg Büchner als Radikaldemokrat und Friedrich Wilhelm Weber als konservativer Denker – wird an dieser summierenden Reihe deutlich.

1.3 Angaben und Erläuterungen zu wesentlichen Werken

Zu Büchners Lebzeiten sind kaum Texte bekannt geworden, wie aus der Tabelle deutlich wird:

1834	*Der Hessische Landbote* (Flugschrift)	veröffentlicht Juli und November
1835	*Dantons Tod*	veröffentlicht 26. März – 7. April 1835
1835	*Victor Hugo: Lucretia Borgia/ Maria Tudor* (Übersetzungen)	
1835	*Lenz*	veröffentlicht Januar 1839
1836	*Leonce und Lena*	veröffentlicht Mai 1838
1836	*Woyzeck*	veröffentlicht 1878, einige Szenen 1875

Büchners *Hessischer Landbote* griff den Staat als größten Feind des einfachen Menschen mit entsprechenden sachlichen Angaben an. Ziel war für Büchner eine grundsätzliche gesellschaftliche Veränderung, durch die die Menschen- und Bürgerrechte der Französischen Revolution in Deutschland verwirklicht werden sollten. Ähnlich kann auch *Dantons Tod* verstanden werden: Danton will die Revolution beenden und ein bürgerliches Leben pflegen, Robespierre möchte sie weitertreiben, um alle unterdrückten Menschen zu befreien. Danton stirbt deshalb als vermeintlicher Verräter, ohne dass die Revolution ihr eigentliches Ziel erreicht.
In der Novelle *Lenz* wird das Problem der gesellschaftlichen und sozialen

Hessischer Landbote

Dantons Tod

Lenz

Unterdrückung am Einzelschicksal des Sturm-und-Drang-Dichters J. M. R. Lenz gestaltet, der zeitweise als Goethe ebenbürtig galt. In ihm wurde auch Büchners Ansicht erkennbar, dass Intellektuelle (Künstler) zwar Veränderungen unterstützen, aber nicht tragen können. Die entscheidende Kraft ist immer das Volk.

Leonce und Lena

Leonce und Lena ist ein Lustspiel, aber auch ein Satyrspiel im Verhältnis zu den anderen Texten: Die feudale Welt wird in ihrer Lebensunfähigkeit und Missachtung der Arbeit karikiert. Nicht nur die Lebensführung der handelnden Personen, sondern auch die Form des romantischen Lustspiels wurden mit diesem Stück ad absurdum geführt. In dem Stück demonstrierte Büchner „mit überlegenem Spott ... die fragwürdige Legitimität des Systems, das er schon im *Hessischen Landboten* attackiert hatte"[10].

Trotz der nur drei Jahre währenden Schaffensperiode Büchners und der geringen Zahl seiner Werke entstand ein geschlossenes Gesamtwerk mit einer Utopie, die von den Forderungen der Französischen Revolution nach Freiheit, Gleichheit, Brüderlichkeit getragen ist und der Büchner radikal sozial praktizierbare Konturen geben wollte.

---

10 Hauschild, S. 108

2. Textanalyse und -interpretation

2.1 Entstehung und Quellen

Sichere Angaben zur Entstehung sind nicht vorhanden. Der ethische Grundgedanke des *Woyzeck* steht 1834 in einem Brief an die Eltern:

> *„Ich verachte niemanden, am wenigsten wegen seines Verstandes oder seiner Bildung, weil es in niemands Gewalt liegt, kein Dummkopf oder kein Verbrecher zu werden – weil wir durch gleiche Umstände wohl alle gleich würden und weil die Umstände außer uns liegen.“*[11]

Parallel zu *Leonce und Lena*, das für eine Preisaufgabe entstand, arbeitete Büchner vom Juni bis zum Herbst 1836 am *Woyzeck*. Er berichtete Gutzkow von seinen Arbeiten; dieser bat, ihm alle Texte zu schicken. Büchner dürfte von seinen „Ferkeldramen" gesprochen haben, denn Gutzkow antwortete: „Von Ihren ‚Ferkeldramen' erwarte ich mehr als Ferkelhaftes."[12] Damit „Ferkeldramen" sind vermutlich *Leonce und Lena* sowie *Woyzeck* gemeint. Mit „Ferkelhaftem" könnte Büchner das Obszöne im *Woyzeck*, einmalig in der Literatur um 1836, beschrieben haben. In den *Nachgelassenen Schriften* (1850) verzichtete der Bruder Ludwig Büchner auf das unleserliche Fragment. Möglicherweise waren es aber politische und andere Bedenklichkeiten, die ihn beeinflussten.[13] Die 27 Szenen wurden von dem österreichischen Schriftsteller Karl Emil Franzos (1848–1904) 1875 mit chemischen Mitteln lesbar gemacht, 1875 auszugsweise

11 Brief an die Familie vom Februar 1834. In: Bergemann, S. 398
12 Gutzkow am 10. Juni 1836 an Büchner. In: Bergemann, S. 566
13 Schmid: *Kommentarband*, S. 10

und 1878 erstmals vollständig veröffentlicht. Das Fragment hatte keinen Titel, und so wurde es, nachdem die Hauptgestalt falsch entziffert wurde, zuerst und bis 1920 *Wozzeck* genannt.[14]

Quellen

Büchner hat sich vorhandener Quellen bedient. Sie betreffen das Schicksal des in Leipzig hingerichteten Mörders Johann Christian Woyzeck. Die dazu vorhandenen Gutachten des Hofrats Dr. Johann Christian August Clarus in Leipzig hat Büchner bis zu wörtlichen Entsprechungen als Material genutzt.[15] Büchners Stück ist eine Polemik gegen diese Gutachten, die Woyzeck als normal, nur als Ergebnis seiner eigenen Unzulänglichkeiten, seiner Haltlosigkeit, seiner Unrast und damit voll zurechnungsfähig betrachteten. Büchner machte die sozialen Verhältnisse für Woyzecks Zustand verantwortlich. Es ist eine Zeit, in der merkwürdige Verbrechen das Interesse der Öffentlichkeit finden: E. T. A. Hoffmann wurde mit seinen Schauergeschichten diesem Bedürfnis gerecht, aber auch Anselm von Feuerbach, der 1828 die *Aktenmäßige Darstellung merkwürdiger Verbrechen* veröffentlichte. Es war das gleiche Jahr, in dem der seltsame Kaspar Hauser, der gleichaltrig mit Georg Büchner war, eine gesamte Generation erregte.[16]

---

14 Der neue Titel erschien in der 1920 veröffentlichten, von Georg Wittkowski neu entzifferten Fassung des *Woyzeck*. Verbreitet wurde sie vor allem durch die 1922 erstmals erschienene Ausgabe von Fritz Bergemann. Sie galt als wissenschaftlich genaue, kritisch kommentierte Ausgabe. – Die Lesung *Wozzeck* ging bereits auf die Entzifferung der beiden Büchner-Brüder Alexander und Ludwig 1850 zurück.

15 Vgl. dazu Mayer 1963, S. 75 ff., Dedner, S. 114 ff.

16 Kaspar Hauser (1812–1833) wurde abgeschottet von der Außenwelt aufgezogen und, nachdem er 1828 plötzlich in Nürnberg aufgetaucht war, 1833 mit einem Dolch ermordet. Lange galt er als Erbprinz von Baden, der absichtlich vertauscht wurde; erst in unserer Gegenwart konnte mit genetischen Untersuchungen diese Annahme endgültig widerlegt werden. Dennoch ist sein Schicksal bis zum heutigen Tag ein bevorzugtes Thema geblieben: 1976 drehte Werner Herzog den Film *Kaspar Hauser*, der zum Beispiel der frühen Deformation der bürgerlichen Gesellschaft wurde. 1995 zeigte die ARD Peter Sehrs preisgekrönten Film von 1994 *Kaspar Hauser* (mit André Eisermann in der Titelrolle). Der Höhepunkt der Diskussionen um den spektakulärsten Kriminalfall des 19. Jahrhunderts ist auch die Entstehungszeit des Büchner'schen *Woyzeck*.

Andere Fälle, wie die der Mörder Schmolling und Dieß, wurden von Büchner beachtet, ohne von Belang zu sein.[17] Die Namensgebung weist auf die Bedeutung des Falles Woyzeck hin.

Bedeutung des Falles Woyzeck

Am 21. Juni 1821 erstach der 41-jährige Perückenmachergeselle Johann Christian Woyzeck (1780–1824) in Leipzig seine 46-jährige Geliebte Johanna Christiane Woost, geborene Otto, Witwe des Chirurgen Woost. Woyzeck war langzeitarbeitslos und obdachlos. Er wurde sofort nach der Tat verhaftet und es begann ein langwieriger Rechtsstreit um die Zurechnungsfähigkeit Woyzecks. Erstmals wurde er 1821 zum Tode durch das Schwert verurteilt, 1822 ein zweites Mal und die Hinrichtung wurde auf den 13. November 1822 angesetzt. Neue Zeugenaussagen, die auf eine Geisteskrankheit Woyzecks schließen ließen, führten zur Aussetzung der Hinrichtung. Eine weitere Begutachtung befand Woyzeck wiederum für voll verantwortlich; die Einwendungen der Verteidigung wurden wie auch ein Gnadengesuch abgelehnt und nach einem dreijährigen Prozess richtete man Woyzeck am 27. August 1824 öffentlich auf dem Leipziger Marktplatz hin. In den nächsten beiden Jahren führten die Gutachter ihre Auseinandersetzung weiter und veröffentlichten ihre Untersuchungen und Ergebnisse in Broschüren und Zeitschriften, so in Henkes *Zeitschrift für die Staatsarzneikunde*, 4. Ergänzungsheft 1825, und 5. Ergänzungsheft, 1826. Büchners Vater hatte diese Zeitschrift abonniert und in seiner Bibliothek stehen, wo sie der Sohn vermutlich kennen gelernt hat. Auch hatte der Vater zwei medizinische Abhandlungen darin veröffentlicht.[18] Büchners Fragment macht deutlich, dass der Dichter um die Vorgänge und Unterlagen wusste.

---

17 Vgl. dazu auch Große, S. 29
18 Hauschild, S. 117

gegensätzliche Betrachtungen
der menschlichen Seele

Der Fall wurde so bekannt, weil in dieser Zeit zwei gegensätzliche Betrachtungen der menschlichen Seele aufeinander trafen: Einerseits wurde die Seele als ein Geheimnis betrachtet, das nicht enthüllt werden könne, dem man beschreibend folgen müsse[19], das okkult verstanden werden solle und der Ort idealistischer Träume sei, andererseits führte man die Seele auf „Stoffwechsel und Blutkreislauf" zurück.[20] Es bestand in den Dreißigerjahren ein riesiges Interesse an solchen Fällen.

In einem Brief an den Bruder Wilhelm vom 2. September 1836 berichtet Büchner von seinen philosophischen Vorhaben und schließt den Hinweis an, der auf den *Woyzeck* bezogen werden kann: „Dabei bin ich gerade daran, sich einige Menschen auf dem Papier totschlagen oder verheiraten zu lassen, und bitte den lieben Gott um einen einfältigen Buchhändler und ein groß Publikum mit so wenig Geschmack als möglich."[21] Andere Briefe lassen sich ähnlich verstehen. Als Büchner am 18. Oktober 1836 nach Zürich reiste, war das Stück weit gediehen, denn sein Freund Wilhelm Schulz wies in seinem Nachruf darauf hin, dass ein beinahe vollendetes Drama im Nachlass sei und demnächst erscheinen werde.[22]

Unübersehbar sind dokumentierte literarische Entsprechungen geworden, die sich im Text angeblich fänden.[23] Kaum eine Zeile des Stückes ist nicht auf eine Vorlage zurückgeführt worden. Tatsächlich aber sind gegenüber den authentischen Quellen und Büchners eigenem Erleben die literarischen Einflüsse

---

19 1830 erschien Justinus Kerners *Die Seherin von Prevost. Eröffnungen über das innere Leben des Menschen und über das Hereinragen einer Geisterwelt in die unsere.* (Leipzig: Reclam o. J., nach 1877), eine außergewöhnlich erfolgreiche Schrift, die 1846 bereits ihre 4. Auflage erlebte.
20 Mayer, 1960, S. 327
21 Brief vom 2. September 1836. In: Bergemann, S. 440 f.
22 Poschmann, S. 235
23 Vgl. dazu Dedner, S. 225 ff. Hier wird alles auf literarische Vorlagen zurückgeführt. Allein Büchners Alter ist ein Argument, dass er nicht kennen konnte, was man ihm unterstellte.

von geringer Bedeutung; „es wäre überflüssig, im *Wozzeck* (sic!) besonders nach literarischen Reminiszenzen zu suchen. Sie tragen nicht bei zum tieferen Verständnis der Dichtung und des Dichters.“[24] Deutlich wirksame literarische Einflüsse sind:

literarische Einflüsse

1. Jakob Michael Reinhold Lenz: *Die Soldaten.* Büchner hat sich mit Lenz beschäftigt und in der Novelle *Lenz* das Schicksal des Dichters psychologisch überzeugend gestaltet. Er fühlte sich dem Dichter des Sturm und Drang wesensverwandt. Büchner benutzte die von Ludwig Tieck 1828 herausgegebenen Werke Lenz' nachweislich und auch literarische Versatzstücke, zitierte in Briefen Gedichte Lenz'. An die Familie schrieb er 1835:

> „Ich habe mir hier allerhand interessante Notizen über einen Freund Goethes, einen unglücklichen Poeten namens Lenz, verschafft, der sich gleichzeitig mit Goethe hier aufhielt und halb verrückt wurde. Ich denke, darüber einen Aufsatz in der Deutschen Revue erscheinen zu lassen.“[25]

Mit Gutzkow besprach er Lenz' Rolle als Liebhaber Friederike Brions und die eigene Novelle *Lenz*. Die Marie in Büchners *Woyzeck* hat ähnliche Erlebnisse und macht ähnliche Erfahrungen wie Mariane, in Lenz' *Soldaten* die Tochter des „Galanteriehändlers“ Wesener, die am Ende zur Hure und im tiefsten Elend von ihrem Vater gefunden wird. Ihr Schicksal wird erklärt mit dem „ehlosen Stand der Herren Soldaten“[26], das Beispiel Woyzecks ist ähnlich.

---

24 Paul Landau: *Wozzeck*. In: Georg Büchners gesammelte Schriften. Hg. von Paul Landau, Bd. 1. Berlin: Paul Cassirer, 1909, S. 156. Vgl. auch die sich auf Landau stützende Aussage: Hauschild, S. 120

25 Brief an die Familie aus Straßburg vom Oktober 1835. In: Bergemann, S. 427

26 Jakob Michael Reinhold Lenz: *Die Soldaten*. In: Werke und Briefe. Hg. von Sigrid Damm. Bd. 1, Leipzig: Insel-Verlag, 1987, S. 246

2. William Shakespeare: Die Gebildeten kannten die Dramen Shakespeares seit dem Sturm und Drang, nochmals gepriesen durch die Romantik. Da auch Lenz ein genauer Kenner Shakespeares war und sich theoretisch mit ihm beschäftigte, trafen sich Büchner und Lenz auch hier, wie die Novelle *Lenz* zeigt. Büchner erklärte Shakespeare als einzigen Dichter der Geschichte und Natur ebenbürtig, während sonst „alle Dichter ... wie Schulknaben dastehen"[27]. Bei anderer Gelegenheit ordnete er Goethe dieser summierenden Reihe zu, nicht aber Schiller.[28] Den Freunden und Bekannten war Büchners Leidenschaft für Shakespeare bekannt. Zitate aus Shakespeares *Hamlet, Othello, Viel Lärm um nichts* und *Wie es euch gefällt* wurden von Büchner in die eigenen Werke eingebaut. Vieles davon ist unbewusst geschehen, es war als Zitat oder Konstellation abrufbar.

3. Lieder und Märchen, die eine leitmotivische Funktion haben und zumeist mit Tod und Einsamkeit oder dem Konflikt (Maries Untreue) korrespondieren. Büchner nahm auch anzügliche Lieder wie *Das Wirtshaus an der Lahn*[29] auf. Die Märchenelemente wurden umfunktioniert: Aus den glücklichen Lösungen wurden die unglücklichsten und schaurigsten Möglichkeiten: Das arme und elternlose Kind (*Die Sterntaler*) hat am Ende kein neues Hemd, das sich mit Talern füllt, sondern „gerrt (weint laut) und da sitzt es noch und ist ganz allein" (35, 22). Es entstand ein Anti-Märchen. Derartige Umwertungen galten auch für die Schaubude: Sie wird zum Gegentheater, zum Belustigungsort des einfachen Volkes, wo dessen niedrigste Bedürfnisse befriedigt werden: Nicht zufällig geraten Marie und der Tambour-Major dort zueinander,

---

27 Brief an Gutzkow vom 21. Februar 1835. In: Bergemann, S. 412
28 Brief an die Familie vom 28. Juli 1835. In: Bergemann, S. 423
29 Büchner muss es geschätzt haben, wie er überhaupt Freude an Obszönitäten hatte, denn er verwandte es auch in Entwürfen zu *Leonce und Lena*. Bergemann, S. 503

wo nicht Liebe, sondern Sex angeboten wird. Die Lieder und Märchen geben „dem Stück etwas von der düsteren Einfalt der Volksdichtung, die Stimmung einer alten schaurigen Ballade, wie sie auch in dem Kindermärchen der alten Frau lebt, das die Katastrophe noch einmal so bedeutsam vorbereitet."[30]

4. Frühzeitig las Büchner **Jean Paul.** Jugendfreunde und Schulkameraden berichteten, dass Jean Paul von Beginn an zu seiner Lektüre gehörte.[31] Deutlich ist die Figur des Doktors von Jean Pauls *Titan* beeinflusst. Jean Pauls Dr. Sphex ist ehrgeizig und dümmlich wie der Doktor im *Woyzeck*. Er beutet ebenfalls seine Versuchsperson rücksichtslos aus. Schließlich finden sich im *Woyzeck* auch direkte Entsprechungen zu Jean Pauls *Titan* (vgl. S. 59). Die Entsprechungen gehen jedoch tiefer: Die zwischen Wahn, Skurrilität und Schauder liegende Veranlagung Woyzecks ist auch Jean Pauls Figuren eigen.

---

30 Paul Landau, ebd., S. 155
31 Beese, S. 11

2.2 Inhaltsangabe[32]

Die Szenenanordnung ist auf Grund der verschiedenen Hand-schriften verschieden. Die Handschriften H1 und H2 gelten als Entwürfe, H2 setzt nahtlos auf einer Seite an H1 an. Büchner strich, was er in die Handschrift H4 (vorläufige Rein-schrift) übernahm, in den früheren Handschriften. H3 besteht aus zwei Szenen. –

Übersicht über die Szenenfolge der Handschriften (orthogra-fisch vereinheitlicht, leicht vereinfacht):

H 1 (Schwerpunkt/Ak-zent: Eifersuchts-, Mordhdlg.)	H 2 (Schwerpunkt/Ak-zent: Verführungs-handlung)	H 4 und *Studienaus-gabe* (zit. Ausgabe) (Schwerpunkt/Ak-zent: sozialkritische Handlung)
1. Buden. Volk	1. Freies Feld. Die Stadt in der Ferne	1. Freies Feld. Die Stadt in der Ferne
2. Das Innere der Bude	2. Die Stadt	2. Marie mit ihrem Kind. Margreth
3. Margreth allein	3. Öffentlicher Platz. Buden. Lichter	3. Buden. Lichter. Volk
4. Kasernenhof	4. Handwerksbur-schen	4. Marie sitzt, Kind, Spiegel
5. Wirtshaus	5. Unteroffizier. Tam-bour-Major	5. Der Hauptmann. Woyzeck
6. Freies Feld	6. Woyzeck. Doktor	6. Marie. Tambour-Major
7. Ein Zimmer	7. Straße	7. Marie. Woyzeck
8. Kasernenhof	8. Woyzeck. Louisel	8. Woyzeck. Doktor

---

32 Die Inhaltsangabe folgt der Studienausgabe: Georg Büchner: *Woyzeck*, nach der Edition von Thomas Michael Mayer, hg. von Burghard Dedner. Stuttgart: Reclam, 1999 (Universal-Bibliothek Nr. 18007). – Bei Reclam liegt ebenfalls vor: Georg Büchner: *Woyzeck*. Ein Fragment. *Leonce und Lena*. Lustspiel, hg. von Otto C. A. zur Nedden. Stuttgart: Reclam, 2001. Diese Ausgabe hat eine andere Abfolge der Szenen.

2. Textanalyse und -interpretation

H 1
(Schwerpunkt/Akzent: Eifersuchts-, Mordhdlg.)

9. Der Offizier. Louis

10. Ein Wirtshaus
11. Wirtshaus
12. Freies Feld
13. Nacht. Mondschein
14. Margreth mit Mädchen vor der Haustür
15. Margreth und Louis
16. Es kommen Leute
17. Das Wirtshaus
18. Kinder

19. Louis allein

20. Louis an einem Teich
21. Gerichtsdiener. Barbier. Arzt. Richter

H 3
1. *(26.)* Der Hof des Professors
2. *(27.)* Der Idiot. Das Kind. Woyzeck

H 2
(Schwerpunkt/Akzent: Verführungshandlung)

9. Louisel allein. Gebet

H 4 und *Studienausgabe* (*zit. Ausgabe*)
(Schwerpunkt/Akzent: sozialkritische Handlung)
9. Hauptmann. Doktor
10. Die Wachstube
11. Wirtshaus
12. Freies Feld
13. Nacht

14. Wirtshaus

15. Woyzeck. Der Jude
16. Marie. Der Narr
17. Kaserne
(18.) H 1, 14; Marie, Kinder
(19.) H 1, 15; Marie und Woyzeck
(20.) H 1, 16 Es kommen Leute
(21.) H 1, 17 Das Wirtshaus
(22.) H 1, 18 Kinder
(23.) H 1, 19 Woyzeck, allein
(24.) H 1, 20 Woyzeck an einem Teich
(25.) H 1, 21 Gerichtsdiener usw.

Die teils auf authentisches Material zurückgehende, teils erfundene Handlung ist zeitgenössisch; sie spielt zu Beginn des 19. Jahrhunderts (die Ende des 18. Jahrhunderts entwickelte Physiognomik hat die Jahrmärkte erreicht) in einer hessischen Garnisonsstadt (hessischer Dialekt: Wegfall des Infinitiv-n: glänze statt glänzen u. a.), die neben einer Kaserne auch eine Universität und ein Gericht hat. Gießen ist erkennbar. Einzelnes deutet auf Darmstadt hin: „am rothen Kreuz" (39, 9)[33]. In der Stadt herrschen feudale und militärische Strukturen, „Hinweise auf kapitalistische Verhältnisse fehlen dagegen völlig."[34] Die Handlung umfasst drei Tage.

1. Freies Feld, die Stadt in der Ferne

1. Freies Feld, die Stadt in der Ferne: Die Füsiliere[35] Woyzeck und Andres schneiden Stöcke.[36] Andres vertreibt seine Furcht mit einem Lied, das aber eine Todesahnung enthält. Woyzeck verängstigt ihn mit einer Spukgeschichte zusätzlich, sieht sich danach aber selbst dieser verfallen. Er glaubt eine himmlische Vision aus Feuer und Posaunen zu sehen und zu hören, die an den Untergang Sodom und Gomorrhas sowie an das Jüngste Gericht erinnert: Der hohle Boden, auf den er stampft, erscheint wie sich öffnende Gräber (Matthäus 24, 31, Offenbarung 20, 1–14). Bestrafung und Sühne sind Merkmale dieser Vision. – Trommeln rufen zum Zapfenstreich.

2. Marie

2. Marie (mit ihrem Kind am Fenster): Marie sitzt mit ihrem und Woyzecks Kind am Fenster. Sie beobachtet Zapfenstreich und Tambour-Major, den sie wohl erstmals sieht. Wahrscheinlich ist er mit

---

33 Vgl. Dedner, S. 74 und 77
34 Werner, 1984, S. 242
35 Füsiliere: mit Gewehren bewaffnete Fußsoldaten im Gegensatz zu den Musketieren, Infanteristen. Vgl. auch: füselieren – einen zum Tode verurteilten Soldaten erschießen
36 Eine gute Analyse des sprachlichen und nichtsprachlichen Materials dieser Szene bietet Werner, 1984, S. 248 ff.

dem Musikzug wegen der Messe in die Stadt versetzt worden. Er grüßt sie. Die Nachbarin ist über Maries freundliche Entgegnung erstaunt, „So was is man an ihr nit gewöhnt" (10, 17). Marie streitet mit der Nachbarin, die ihr leichtfertigen Lebenswandel vorwirft. Allein singt sie Verse, die wie ein Schlaflied erscheinen, tatsächlich aber ein Bekenntnis zu lockerem Leben sind. Woyzeck hetzt auf einen Sprung vorbei und erzählt von dem ihn verfolgenden „Es", nach der H 2 lädt er sie abends auf die Messe ein. Marie fürchtet, Woyzeck könnte wahnsinnig werden.

3. Buden. Lichter. Volk: Auf der Messe singt ein Leierkastenmann vom Sterben als einen alle Menschen betreffenden Vorgang. Darin ist Fatalismus spürbar (vgl. S. 69 f.). In einer Schaubude wird ein Affe als Soldat vorgeführt, der Soldat sei die „unterst Stuf von menschliche Geschlecht" (13, 5), die Grenze zwischen dem Tier und dem Menschen sei im Soldaten fließend. Damit wird an Woyzecks Stellung erinnert. Marie und Woyzeck besuchen die Vorführung. Der Tambour-Major und ein Unteroffizier folgen ihnen. – In der Bude zeigt das „astronomische Pferd" seine „viehische Vernunft", aber auch seine „unverdorbene (unideale) Natur": Das Pferd pisst, es ist ein „verwandelter Mensch" (14, 25). Die Umkehrung folgt Szenen später (in der H 3), als der Doktor bei den Vorführungen vor den Studenten als „Bestie" bezeichnet (81, 18) wird. Animalische und menschliche Existenz berühren sich in Woyzeck (Er hat „gepisst wie ein Hund", 21, 9). Marie und der Verführer nähern sich einander.

4. Marie sitzt (in ihrer Kammer): Sie erinnert sich an den Tambour-Major, der dem Unteroffizier „befohlen" hat zu gehen (H 1). Sie bestaunt Steine, die er ihr geschenkt hat. Woyzeck ist über den

3. Buden. Lichter. Volk

4. Marie sitzt

Schmuck verwundert, forscht aber nicht nach, als sie vorgibt, ihn gefunden zu haben. Er gibt ihr und dem Kind, um das er sich besorgt bemüht, sein schwer verdientes Geld. Marie fühlt sich als schlechter Mensch, weil sie von dem einen das Geld nimmt, von dem anderen den Schmuck. Mit ihrer Selbstkritik „Ich könnt mich erstechen" wird die Motivkette des Todes fortgesetzt und das Ende angedeutet.

5. Der Hauptmann. Woyzeck

5. Der Hauptmann. Woyzeck: Während der Hauptmann dümmlich über die Zeit philosophiert, wird er von Woyzeck rasiert, der einsilbig im Befehlsstil („Ja wohl") reagiert. Auf den Vorwurf, er habe ein uneheliches Kind gezeugt, antwortet Woyzeck „Der Herr sprach: Lasset die Kindlein zu mir kommen."(18, 6 f.) Er meistert zusätzlich die Situation, indem er dem Hauptmann den Zusammenhang zwischen Wohlstand und Tugend, aber auch Armut, Natur und Tugendlosigkeit erklärt. Tugend sei eine Sache des Geldes, die Liebe dagegen sei Natur und von „Fleisch und Blut" (18, 15). Tugend und Natur seien ebenso Gegensätze wie Sex und Liebe. Der Hauptmann bricht das Gespräch, das ihn „ganz angegriffen" hat, ab. Woyzeck beruft sich auf die Natur, die er allen Regeln, Ordnungen und Absprachen entgegenstellt. Mord ist für ihn natürliche Reaktion auf eine unnatürliche Untreue.

6. Marie. Tambour-Major

6. Marie. Tambour-Major: Vermutlich in Maries Kammer zeigen die beiden ihren Stolz aufeinander, auf den „Kerl" und das „Weibsbild", und begehren einander sinnlich. Marie reizt den Tambour-Major durch Widerstand, dann gehen die beiden ins Bett.

7. Marie. Woyzeck

7. Marie. Woyzeck: Woyzeck ahnt Maries Untreue, findet aber keinen Beweis. Dadurch fühlt sich Marie wieder sicher, streitet alles ab und wird „keck" (21, 2). Als Woyzeck ihr droht (H 2), warnt ihn Marie (Das Todesmotiv wird eingesetzt: „Ich hätt lieber ein Messer in den Leib als deine Hand auf meiner." 78, 19 f.). Woyzeck bleibt bei seinen Zweifeln an Maries Unschuld.

8. Woyzeck. Der Doktor: Woyzeck ist für den stumpfsinnig-simplen Doktor

8. Woyzeck. Der Doktor

ein Versuchskaninchen; mit ihm wird sinnlos experimentiert: Er lebt seit längerer Zeit nur von Erbsen und muss seinen Urin beim Doktor abliefern, um die Harnfunktion zu beobachten. Woyzeck, dem der Doktor Bruch der Absprachen vorwirft, weil er „auf die Strass gepisst" (21, 9) habe, beruft sich auf seine „Natur", der der Doktor die Wissenschaft und die Selbstbestimmung entgegensetzt. Woyzeck erzählt von der „doppelten Natur" (22, 21); für ihn ist das der Zustand, wenn der Naturvorgang in die Vision umschlägt. In der Natur findet er auch Geheimnisse des Lebens und Sterbens, wie sie sich zum Beispiel in Pilzen (Schwämmen) und deren „Figuren", im Pilzgeflecht (Myzel) (22, 28), kundgeben. Pilze wie der Hallimasch, mit seiner Eigenschaft, dass im Dunkeln sein Myzel in dem von ihm befallenen Holz leuchtet, gelten als Vorboten von Schicksalsschlägen. Diese Pilze waren Woyzeck schon auf der Richtstätte (63, 19) aufgefallen. Der Doktor sieht in Woyzeck durch diese Visionen und Deutungen einen besonders ergiebigen Fall geistiger Verwirrung, erhöht die Zulage und beginnt seine Studien.

9. Hauptmann. Doktor: Die beiden Ranghöchsten des Stückes treffen sich

9. Hauptmann. Doktor

auf der Straße und begrüßen sich vertraut ironisch; sie kennen sich also schon länger. Während es der Doktor eilig hat, hält ihn der Hauptmann auf und erzählt von melancholischen Anfällen. Der Doktor sagt einen Schlaganfall voraus. Als sie sich verabschieden wollen, hetzt Woyzeck an ihnen vorbei. Der Hauptmann setzt mit seiner Anrede Woyzecks die Todessymbolik fort, wenn er sagt: „Er läuft ja wie ein offnes Rasirmesser durch die Welt; man schneidet sich an ihm" (24, 30). Er erzählt Woyzeck von der Untreue Maries mit dem Tambour-Major. Der Verlust Maries wäre Woyzecks Untergang, hat er doch „sonst nichts auf der Welt" (25/25). Der Doktor nutzt Woyzecks Verwirrung wiederum für Untersuchungen und Messungen. Der Hauptmann droht Woyzeck irritiert. Woyzeck denkt an Selbstmord.

10. Die Wachtstube

10. Die Wachtstube: Andres singt anzüglich und Woyzeck damit reizend das Lied vom *Wirtshaus an der Lahn*; die Szene wird dadurch sexuell aufgeladen, zumal die Strophe von der Magd und den Soldaten Marie und dem Tambour-Major entspricht. Woyzeck will in die Gasthäuser, weil er glaubt, dort Marie mit dem Tambour-Major beim Tanz überführen zu können.

11. Wirtshaus

11. Wirtshaus: Handwerksburschen geben sich dem Alkohol hin und singen. Woyzeck sieht durch das Fenster Marie mit dem Tambour-Major leidenschaftlich tanzen. Woyzeck weiß nun, dass er Marie verloren hat und glaubt, es müsse die Welt untergehen. Er erlebt aber, dass das wilde Treiben um ihn ungestört weitergeht. Der betrunkene Handwerksbusche gesteht in einer Predigtparodie dem Soldaten das „Bedürfniß sich todtzuschlagen" (29, 25) zu (Todesmotiv).

12. Freies Feld

12. Freies Feld: Der Rhythmus der Musik, der Marie begeisterte, wirkt bei Woyzeck weiter und wird wie im Wahn zum Rhythmus des Tötens, der ihn von dämonischen unterirdischen Kräften wie zu Beginn eingegeben wird: „Stich, stich die Zickwolfin todt … stich todt, todt" (30, 6 ff.).

13. Nacht

13. Nacht: Musikrhythmus und Tötungsrhythmus halten in Woyzecks

Kopf an. Vor seinem geistigen Auge sieht er „ein Messer" (30, 21). Andres versucht ihn zu beruhigen.

14. Wirtshaus: Woyzeck widersetzt sich dem Ansinnen des Tambour-Majors, mit ihm zu saufen, wird in einem Ringkampf besiegt und blutet. Sein Vorhaben bekommt Konturen: „Eins nach dem andern." (31, 25).

14. Wirtshaus

15. Woyzeck. Der Jude: Bei einem Juden kauft Woyzeck ein Messer, das „mehr als Brod schneiden" kann (32, 11).

15. Woyzeck. Der Jude

16. Marie. Das Kind. Der Narr: Marie sucht Ruhe in der Bibel. Im Johannes-Evangelium 8/2 ff. findet sie, dass Jesus einer Ehebrecherin vergibt und liest sich diese Stelle vor. Sie aber kann nicht vom Tambour-Major lassen. Woyzeck ist bereits den zweiten Tag nicht gekommen. Marie wird es „heiß" vor Angst und Erregung. Sie sucht bei Lukas (7, 37 ff.) Hilfe, wo Jesus der Sünderin Maria Magdalena, die ihm die Füße salbt und mit ihren Haaren trocknet, vergibt. Der Narr Karl, ein Idiot, erzählt sich Bruchstücke aus Märchen (Rumpelstilzchen). Er kümmert sich um Maries Kind.

16. Marie. Das Kind. Der Narr

17. Kaserne: Woyzeck ordnet seinen Nachlass und studiert seinen Militärpass. Andres glaubt, Woyzeck sei erkrankt. Aber Woyzeck erwähnt wieder die schon bekannten „Hobelspän" und deutet damit auf einen Tod hin.

17. Kaserne

18. Marie mit Mädchen vor der Haustür: Marie spielt mit den Kindern der Nachbarschaft auf der Straße. Die Situation schlägt durch ein von der Großmutter erzähltes Märchen (Anti-Märchen) um: Ein armes elternloses Kind erkennt, dass alles nur Irrtümer sind: der Mond ein Stück faules Holz

18. Marie mit Mädchen vor der Haustür

(Motiv des leuchtenden Pilzmyzels), die Sonne eine verwelkte Blume, die Erde ein umgestürzter Nachttopf usw. Das Märchen verwendet Märchen der Grimms wie das von den sieben Raben und den Sterntalern. Woyzeck kommt und führt Marie hinweg, ohne ein Ziel zu nennen. Die Märchensituation der Einsamkeit wird für Maries Kind Wirklichkeit.

19. Marie und Woyzeck

19. Marie und Woyzeck: Woyzeck hat Marie vor die Stadt geführt. Als der Mond rot „wie ein blutig Eisen" (36, 24) aufgeht, schlagen Woyzecks Wahnvorstellungen um. Er ersticht Marie. Dass er mit Messern umgehen kann, hat er von Anfang an unter Beweis gestellt: Er hat Stöcke geschnitten, den Hauptmann rasiert und Messer als Wahnbilder gesehen („Es zieht mir zwischen den Augen wie ein Messer." 30, 20 f.).

20. Es kommen Leute

20. Es kommen Leute: Zwei unbeteiligte Menschen haben Geräusche gehört; sie vermuten einen Ertrinkenden. Obwohl es unheimlich ist, suchen sie das Geräusch.

21. Das Wirtshaus

21. Das Wirtshaus: Woyzeck singt im Wirtshaus das Lied von dem *Wirtshaus an der Lahn*. Käthe, sie ist „heiß" (37, 28), ist seine neue Eroberung. Als Woyzeck seine Jacke auszieht, sieht Käthe Blut an seinem Arm. In der Verwirrung, die eintritt, zitiert der Narr ein Märchen: Ein Riese rieche „Menschenfleisch" (38, 25). Er hat damit die Situation getroffen. Woyzeck entflieht.

22. Kinder

22. Kinder: Kinder sind unterwegs zur Mordstelle und berichten anderen Kindern, dass dort „am rothen Kreuz" (39, 9) eine Frau liege.

23. Woyzeck

23. Woyzeck: Woyzeck sucht nach dem Messer und spricht mit der toten Marie. Er sieht an ihr eine rote Schnur um den Hals, Zeichen einer Erhängten. Für ihn ist es das Zeichen gerechter Strafe

(„verdient", 39, 20). Nachdem er das Messer gefunden hat, flieht er.

24. Woyzeck an einem Teich: Woyzeck wirft das Messer in das Wasser;

24. Woyzeck an einem Teich

immer noch erscheint ihm der Mond als „blutig Eisen" (40, 5). Während Woyzeck einerseits das Messer immer weiter ins Wasser wirft, damit es keiner findet, geht er andererseits immer tiefer hinein, um sich vom Blut sauber zu waschen.

25. Gerichtsdiener. Barbier. Arzt. Richter: Es scheint, als habe man Woyzeck gefunden, verurteilt und richte ihn nun, wie den historischen Woyzeck, hin.

25. Gerichtsdiener. Barbier. Arzt. Richter

(26.) Der Idiot. Das Kind. Woyzeck: Die aus H 3, 2 stammende Szene (82) könnte sich möglicherweise noch an-

(26.) Der Idiot. Das Kind. Woyzeck

schließen oder der Szene 25 vorausgehen: Der Narr Karl nimmt sich des Kindes von Woyzeck an, das von seinem Vater nichts wissen will. Er setzt so die Szene 16 fort. Karl geht mit dem Kind weg. Woyzeck bleibt allein zurück.

(27.) Der Hof des Professors: Die Szene stammt ebenfalls aus H 3 und korres-

(27.) Der Hof des Professors

pondiert mit der 8. Szene. – Der Professor (Doktor) will seinen Studenten ein Experiment zeigen: Dazu soll eine Katze aus dem Fenster geworfen werden. Als Woyzeck, der die Katze auffängt, das „Zittern" bekommt (142, 23), wird das menschliche Experiment interessanter als das tierische: Er erklärt den Studenten, dass Woyzeck seit einem Vierteljahr nichts als Erbsen esse. Nun seien die Folgen erkennbar. Woyzeck bewegt sich erneut auf der Grenze zwischen Animalischem und Menschlichem. Er soll wie ein Esel die Ohren bewegen („das sind so Übergänge zum Esel" 143, 21).

Die Fassungen lassen **drei Möglichkeiten des Endes** zu:

1. Woyzeck ertrinkt im Teich, als er bei mehreren Handlungen zugleich (Messer beseitigen, Blutflecken entfernen) die Übersicht verliert.
2. Woyzeck kommt bei dem Versuch um, das Messer immer weiter in den See zu werfen. Indem er sich zwingt, immer weiter in den Teich zu gehen, erscheint der Vorgang als Selbstmord, Woyzeck bereut und möchte sich läutern.
3. Die Szene *Gerichtsdiener. Barbier. Arzt. Richter* in den Paralipomena deutet auf eine Verurteilung hin, wie sie historisch stattgefunden hat.

2.3　Aufbau

Das Stück besteht aus einzelnen Szenen. Akte oder eine klassisch geprägte Abfolge von der Exposition bis zur Katastrophe sind nicht erkennbar, aber Komplexe:

1. eine Art Einführung: Woyzeck als kasernierter Soldat, Zusammenleben mit Marie, die Messe als besonderes Erlebnis, Begegnung Maries mit dem Tambour-Major;
2. ein sich entwickelnder Konflikt: Verführung Maries, Woyzecks Verwirrung und Fokussierung auf Rache, konkretisiert im Messer;
3. der logische Abschluss: Provokation Woyzecks durch den Tambour-Major, Kauf des Messers und Mord an Marie. Woyzecks geht ins Wasser.

Die Szenen werden wie **Stationen** aneinander gereiht. Sie folgen einem **geradlinig fallenden Weg** bis zu Maries Tod und Woyzecks Untergang:

Woyzecks Wahnideen (im Gespräch mit Andres und Marie)
Woyzecks Erlebnis der unmoralischen Welt (Maries Hurenlohn: die Ohrringe)
Woyzecks Unmoral (im Gespräch mit dem Hauptmann: uneheliches Kind)
Woyzeck als Wortbrüchiger (im Gespräch mit dem Doktor)
Woyzeck als Betrogener (im Gespräch mit Hauptmann und Doktor)
Woyzeck als Besiegter (im Ringen mit dem Tambour-Major)
Woyzeck als Rächer (der Tod Maries)
Woyzeck als Sterbender/Entschwindender

Die Handlung beginnt scheinbar zufällig: Woyzeck befindet sich in einem Gespräch mit Andres und gibt Antwort auf eine dem Leser/Zuschauer unbekannt bleibende Frage.
Der unmotivierte Eintritt in die dramatische Handlung war um 1885 in der naturalistischen Dramatik Bedingung. Um die Handlung in Bewegung zu bringen, benötigte man den so ge-

Der unmotivierte Eintritt in die dramatische Handlung war um 1885 in der naturalistischen Dramatik Bedingung. Um die Handlung in Bewegung zu bringen, benötigte man den sogenannten „Boten aus der Fremde", der in eine scheinbar unbewegliche Situation kommt und diese aus dem Gleichgewicht, damit in Bewegung bringt. Dieser „Bote aus der Fremde" ist bei Büchner schon vorhanden: Es ist der Tambour-Major. Durch ihn gerät das Gleichgewicht sowohl unter der Bevölkerung (die Frauen möchten ihm gefallen; die Obrigkeit = Hauptmann beobachtet dessen Abenteuer) als auch in der Familie Woyzecks in Bewegung. *Woyzeck* hat bei aller Unsicherheit der Szenenfolge **Züge eines pränaturalistischen Stationenstücks.** Neben der Szenenfolge wird eine schwierigere Struktur dadurch geschaffen, dass das sprachliche Material von der Situation, aus der heraus gesprochen wird, und **dem nichtsprachlichen Material** überlagert wird. Wenn in der 1. Szene (Freies Feld) Woyzeck und Andres sprechen, wird das zu keinem Dialog, denn man spricht aneinander vorbei. Woyzeck hat zudem kaum geordnetes sprachliches Material bereit und präzisiert deshalb das Gesprochene ständig, strukturiert es durch Ausrufe: „Still! ... Still! Es geht was! ... Die Freimaurer! ... Red was! Andres! Wie hell!" (9, 10ff.) und Prolepsen (Wiederaufnahme eines Substantivs durch ein Pronomen oder Adverb): „... den Streif da über das Gras hin, da rollt Abends der Kopf" (9, 5f.). In der populären Dichtung wird die Prolepse oft zum Stilprinzip (wie in Eichendorffs Lied *In einem kühlen Grunde, da geht ein Mühlenrad*).

Den **Regieanmerkungen** kommt große Bedeutung zu; so wird aus ihnen bereits in der 1. Szene Woyzecks Verwirrung erkennbar. Er „stampft", er „starrt", er reißt Andres „in 's Gebüsch". Um ver-

Marginalien:

Züge eines pränaturalistischen Stationenstücks

Regieanmerkungen

Büchners Texte enthalten meist **au-**
thentisches Material. Hier wurden
Aussagen des historischen Woyzeck aus den Gutachten und
die Gutachten selbst eingearbeitet. Erfunden dagegen sind die
Gestalten der „satirisch gezeichneten Komplement-Sphäre zu
der Woyzecks"[37], der Hauptmann und der Doktor, die von
Fassung zu Fassung an Gewicht zunehmen und Woyzecks
zunehmende Animalisierung und moralische Destrukturie-
rung als soziale Mächte wesentlich bestimmen.
Zusammengehalten werden die Sze-
nen durch eine relativ strenge **Einheit**
der Zeit, die drei Tage umfasst. Während dieser Tage erscheinen die Szenen wie Momentaufnahmen wichtiger Augenbli-
cke; einen kontinuierlichen zeitlichen Verlauf gibt es nicht.
Die Technik war nicht neu und schon bei Shakespeare, beim
jungen Goethe (*Götz von Berlichingen*) und bei Lenz vorhanden. – Folgende Zeiteinteilung ist möglich, ohne dass sie als
verbindlich angenommen werden muss:

1. Tag: Woyzeck und Andres schneiden Stöcke; der Musikzug
mit dem Tambour-Major kommt in die Stadt. Marie sieht den
Tambour-Major, Woyzeck lädt sie auf die Messe ein. Dort
trifft sie den Tambour-Major.
2. Tag: Der Tambour-Major hat Marie das erste Mal besucht
und sie beschenkt. Woyzeck bringt Geld, wie immer in Eile,
da er noch seinen Hauptmann rasieren muss. In der Zwi-
schenzeit besucht der Tambour-Major Marie ein zweites Mal
und wird dabei fast von Woyzeck überrascht. Wiederum hat
er aber keine Zeit, da der Doktor auf ihn wartet. Als er bald
darauf vom Hauptmann erfährt, was er ahnt, sucht er Rat bei
Andres und trifft dann beim abendlichen Tanz Marie mit dem
Tambour-Major. Er hat eine unruhige Nacht.

---

37 Werner, 1984, S. 244

3. Tag: Der Tambour-Major reizt ihn; Woyzeck kauft das Messer und verteilt seine Habseligkeiten. Marie ist ängstlich, denn Woyzeck kommt den zweiten Tag nicht („gestern nit, heute nit" 33, 8 f.). Erst am Abend taucht er auf und geht mit Marie ins Finstre, ermordet sie, besucht kurz das Wirtshaus und geht im Zeichen des nächtlichen Mondes ins Wasser.

Diese Abfolge hat auch Alban Berg in seiner Oper *Wozzeck* genutzt, indem er immer mehrere Szenen zu einem Akt verband und dadurch eine ihm gemäße, fast traditionell wirkende dreiaktige Opernstruktur erreichte. So bekam er Raum für Orchester-Zwischenspiele, auf die er großen Wert legte.

Ein wesentliches Strukturelement des Aufbaus sind die **Symbole und Metaphern**. Drei Symbole und Metaphern dominieren:

1. Symbole und Metaphern des Todes (Hobelspäne, leuchtende Schwämme, das „Es", die schwarze Katze mit feurigen Augen, Tötungsvorgänge wie Halsabschneiden usw.),

2. Symbole und Metaphern des bedrohten Lebens (rot, roter Mund, Feuer, der rote Mond, rotes Blut, die rote Schnur, das rote Kreuz, blutig Eisen mit dem gesamten Wortfeld „Messer", erstechen: der Hauptmann fühlt sich mit Woyzecks Augen erstochen, die inneren Befehle „stich" usw.)

3. Symbole und Metaphern des Übergangs vom Tier zum Menschen (viehische Vernunft, wildes Tier (20, 2), der Affe als Soldat, das pissende Pferd, „Viehsionomik" (14, 13), gepisst wie ein Hund (21, 9)).

Die Symbole und Metaphern halten die Erinnerung an die Hauptvorgänge des Stücks wach und führen von Station zu Station, bis sie bis zum Mord immer näher zueinander kommen und schließlich fast in einer großen Metapher zusammenfallen. In der 15. Szene (*Woyzeck. Der Jude*) kauft Woyzeck das

Messer, sein Tod wird ihm wohlfeil geboten und bezeichnet wird er als „der Hund" (32, 15). Bis zu Woyzecks Gang ins Wasser bleiben diese Symbole und Woyzeck beieinander und lassen den Tod Maries, aber auch Woyzecks Ende zwanghaft unaufhaltsam erscheinen.

2.4 Personenkonstellation und Charakteristiken

In den Entwürfen des *Woyzeck* findet sich kein **Personen-verzeichnis**. Das wurde von Herausgebern eingefügt und ver-einheitlicht, denn die Personen wechselten zwischen den Fas-sungen ihre Namen: Franz Woyzeck war zuerst Louis, Marie Zickwolf hieß in der ersten Handschrift Margreth, wie in der letzten Entwurfsstufe die Nachbarin Maries, in der zweiten Louisel. Nur die zwei Hauptpersonen bekamen vollständige Namen (Franz Woyzeck, Marie Zickwolf), einige im sozialen Umfeld lebende Personen erhielten Vornamen (das Kind Christian, die Nachbarin Margreth, der Narr Karl, die Hure Käthe, der Soldat Andres). Die anderen sind durch Berufsbe-zeichnungen typisiert: Hauptmann, Doktor, Tambour-Major, Marktschreier usw. – Das **Personenensemble** konzentriert sich auf zwei Gruppen:

1. die militärische Hierarchie (Soldaten, Unteroffiziere mit Tambour-Major, Offiziere, Polizeikommissar), zu der im wei-teren Sinne auch der Doktor gehört;
2. die zivile Welt mit Randgruppen und Außenseitern der Ge-sellschaft (Reste von Familien, Schausteller, Marktschreier, Juden, Handwerksburschen, Arme).
Zwischen diesen beiden Gruppen lebt Woyzecks Familie. Nicht nur zwischen den Gruppen, sondern auch in ihnen ver-sucht man sich gegenseitig zu verletzen. Die Sprache wird zum Instrument „wechselseitiger geistiger Verletzung"[38].
Woyzeck und der Tambour-Major sind trotz ähnlichem Sozial-status Gegner. Der Tambour-Major bricht in Woyzecks kleine Welt vernichtend ein:

---

38 Werner, 1984, S. 256

Woyzecks kleine Welt	durch Tambour-Major eintretende Veränderung
Familie	Marie wird herausgebrochen
Beruf	durch Gerüchte (Hauptmann) verunsichert
soziale Stellung: Soldat	übertroffen durch den schönen Tambour-M.
Besitz	wird verteilt, ersetzt durch das Messer
Nebentätigkeiten	gemobbt, lächerlich gemacht (Doktor)
Freizeit/Unterhaltung	einsam, ohne Marie, diskriminiert
individuelle Kraft	besiegt, „Der hat sein Fett" (31, 23)

Franz Woyzeck

hieß im ersten Entwurf Louis. Die Namensänderung weist auf die Bedeutung des historischen Johann Christian Woyzeck für das Stück hin, der am 3. 1. 1780 in Leipzig als Sohn eines Perückenmachers geboren wurde. Seine Handwerkslehren scheiterten, er wurde 1806 Soldat in verschiedenen Armeen, diente u. a.

Soldat

nach 1807 als Soldat Wurzig in der schwedischen Armee beim Engelbrechtischen Infanterie-Regiment im damals noch schwedischen Stralsund[39]. Hier hatte er eine solide Frauenbeziehung; als sich die Frau ihm verweigerte, erschlug er sie mit einer Flasche.[40] Daraufhin saß er drei Jahre im Zuchthaus. 1818 erhielt er aus preußischen Diensten seinen Abschied und kam nach Leipzig zurück. Dort hatte er ein Verhältnis mit der Witwe Johanna Christiane Woost. Da diese fremdging, kam es zum Streit. Woyzeck sank sozial auf die unterste Stufe, war obdachlos und lebte von Bettelei. Er ist bei Büchner Plebejer und ansatzweise Proletarier, ohne dass schon kapitalistische

---

39 Das fand der schwedische Schriftsteller Per-Erik Wahlund beim Studium zeitgenössischer Armeeunterlagen im Stockholmer Kriegsarchiv heraus.

40 *Curiöse Gespräche zwischen Prohaska, Jonas und dem Friseur Woyzeck. Leipzig.* In: Commission, bei P. Fr. Vogel, 1824, S. 14

Produktionsverhältnisse herrschen: Vom Vorgesetzten, dem Hauptmann, wird er moralisch disqualifiziert, vom Doktor im Menschenversuch missbraucht, von der Geliebten Marie betrogen, von ihrem Freier lächerlich gemacht. Der Obdachlose wird zum kasernierten Vater, dessen Hochzeit mit der Geliebten „am fehlenden Mindestvermögen scheitert"[41].

Mit Woyzeck rückt der sozial am tiefsten Stehende ins Zentrum des Geschehens; das ist eine **Revolutionierung der künstlerischen Traditionen**. Woyzeck will den Auftrag der Stimmen erfüllen, die Sünde aus der Welt zu vertreiben. Das versteht er als göttlichen Auftrag, denn Woyzeck, der kaum Bildung genossen hat, kennt sich in der Bibel aus und zitiert daraus (9, 26 ff.; 11, 23 f.; 22, 22 f.).

Marie Zickwolf

bekommt von Büchner erst spät den Namen der unbefleckten Jungfrau. Sie, die sich selbst als Sünderin betrachtet und deren wollüstige Sinnlichkeit eine Ursache für den Untergang der Familie ist, hieß zuvor Margreth und Louisel. Der Namensgebung gilt dadurch besondere Beachtung: Sie, die eine Jungfrau Maria hätte sein können, wurde zur Sünderin Maria Magdalena, die erlöst werden möchte. Erlösung aber ist in ihrer Welt nicht vorgesehen. Ihre Sinnlichkeit ist jedoch für die Gesellschaft keine natürliche Veranlagung mehr, sondern nur noch käufliche Dienstleistung.

Maria Magdalena

---

41 Hauschild, S. 118

Der Tambour-Major

leitet eine Militärkapelle. Sein Abzeichen ist der mit Quasten versehene Tambourstab.[42] Alles an ihm ist Äußerlichkeit; er stellt sich zur Schau und wird zur Schau gestellt.

> *„Er lebt eine entfremdete Existenz und unterscheidet sich darin von keiner der anderen Gestalten des Dramas. Er flüchtet in Alkohol, schneidet auf und betet die eigene Kraft und Männlichkeit an, die er sich immer wieder aufs Neue bestätigen muss ...*"[43]

Dramaturgisch ist er ein „Bote aus der Fremde": Durch seine Ankunft in der Stadt und seine Begegnung mit Marie kommt Woyzecks Familie aus dem Gleichgewicht und die Stadt hat ihr Gesprächsthema. Er kommt nur in einigen Auftritten vor, dramaturgisch ist er Woyzecks Gegenspieler, obwohl er sozial sein Partner sein müsste. Animalisches und Triebhaftes dominieren bei ihm über Soziales, das für ihn keine Rolle spielt.

Bote aus der Fremde

Der Doktor

ist, wie ein Mitstudent Büchners aus Gießen berichtet, eine Karikatur des Gießener Anatomieprofessors Johann Bernhard Wilbrand.[44] Aber auch andere akademische Lehrer, wahrscheinlich auch Justus Liebig, haben Züge geliefert. Der Doktor benutzt Woyzeck zu Experimenten; diese aber drohen zu scheitern, da sich Woyzeck von seiner „Natur" bestimmen

---

42 Ein Beispiel konnte Büchner in Heinrich Heines *Ideen. Das Buch Le Grand*, 6. Kapitel, finden: Der „allmächtige große, silbergestickte Tambour-Major" konnte seinen „Stock mit dem vergoldeten Knopf" bis in die erste Etage werfen, „seine Augen sogar bis zur zweiten Etage – wo ebenfalls schöne Mädchen am Fenster saßen". Heinrich Heine: *Werke*. Hg. von Ernst Elster, 3. Band, Leipzig: Bibliografisches Institut o. J., S. 147 f.

43 Große, S. 57 f.

44 Karl Vogt: *Aus meinem Leben*. Stuttgart, 1896, S. 670

lässt, nicht von den pseudowissenschaftlichen Vorgaben. Des Doktors Vorlesung und seine Versuchsanordnung (80 f.) sind Parodien auf solche Vorgänge. Andererseits erinnert des Doktors Bewunderung für Woyzecks Krankheitssymptome an die Menschenverachtung, mit der in deutschen KZs Menschenversuche vorgenommen wurden. Der Doktor ist so eine Vorwegnahme solcher Entwicklungen.

Menschenverachtung

Der Hauptmann

ist geistig unbeweglich, ergeht sich in leeren Abstrakta, in tautologischem Unsinn und versucht Woyzeck zu imponieren („Moral ist, wenn man moralisch ist"). Er ist selbstgerecht, obwohl er Voyeur (ein Mensch, der beim Betrachten anderer sexuelle Befriedigung erfährt) ist: Er schaut jungen Mädchen in „weißen Strümpfen" nach und „da kommt mir die Liebe" (18, 24). Später hat er bei der Beobachtung Maries und des Tambour-Majors „wieder die Liebe gefühlt" (25, 21 f.).[45] Des Hauptmanns Sicherheit sind jene Normen, die Woyzeck entzogen sind: Besitz, sozial gehobener Status, Gesetz und daraus abgeleitete Tugend und Moral. Als Woyzeck auf die lüsternen Enthüllungen des Hauptmanns wütend antwortet, wird sein wirkliches Gesicht deutlich: Er droht Woyzeck mit Erschießen.

Voyeur

---

45 Diese Äußerung veranlasste Matthias Langhoff zu der interessanten Spekulation, dass auch der Hauptmann mit Marie sexuellen Verkehr hatte. Dadurch habe Woyzeck seine Nebenarbeiten bekommen. Vgl. Langhoff, S. 36

Andres

ist Soldat und Partner von Woyzeck. Er singt gern, aber seine Lieder spitzen die entsprechenden Situationen zu. Als in der 1. Szene Woyzeck Todesvorstellungen hat, ergänzt Andres diese durch ein Lied, in dem der Tod vorkommt. Als Woyzeck die Untreue Maries ahnt, singt er einen Vers des obszönen Frau-Wirtin-Liedes, in dem die Magd Schlag zwölfe auf die Soldaten wartet. Andres ist das rationale Gegenbild Woyzecks, er lebt nach dem Befehl. So hört er auch im Gegensatz zu Woyzeck in der 1. Szene die Trommeln zum Zapfenstreich. Er versteht Woyzecks Wahn- und Moralvorstellungen nicht („... du musst Schnaps trinken und Pulver drein das tödt das Fieber", 34, 10 f.), er genießt die wenigen Annehmlichkeiten der Welt und macht sich keine Gedanken. Er tritt ausnahmslos gemeinsam mit Woyzeck auf und hat sonst keine eigene Szene. So könnte Andres auch Woyzecks innere Stimme der alltäglichen Vernunft sein, die sozial funktionierende Variante. Sein Name bedeutet dann „andres" als Woyzeck.[46] Andres ist der, der dem „herkömmlichen Bild eines Woyzeck am meisten entspricht".[47] Unterstützt wird diese Ansicht durch die Gutachten über den historischen Woyzeck, die von „Stimmen" sprechen, die Woyzeck gehört habe usw.[48] In einer Inszenierung des Stücks am Burgtheater Wien 1989 ließ man in der 1. Szene Woyzeck und Andres alle Bewegungen synchron machen, als wären sie ein und dieselbe Person.

> Woyzecks innere Stimme der alltäglichen Vernunft

---

46 Der Verlust des menschlichen Schattens kann mitgedacht werden, wie sie Büchner durch Adalbert von Chamissos *Peter Schlemihls wundersame Geschichte* (1814) kannte. Da Schlemihl seinen Schatten an den Bösen verkauft hat, wird er einsam und flieht in die Natur. Auch E. T. A. Hoffmanns *Die Geschichte vom verlorenen Spiegelbilde* (1815) behandelt das Thema. Hoffmann war Gutachter beim ähnlich gelagerten Mord Schmollings an seiner Geliebten; Büchner interessierte sich für Hoffmanns wahnhafte Gestalten. Vgl. Friedhelm Auhuber: *Das Problem der Zurechnungsfähigkeit ...*, darin: Das Schmolling-Gutachten. In: Georg Büchner Jahrbuch 5/1985, S. 362–365

47 Langhoff, S. 30

48 Vgl. Mayer 1963, S. 103 u. ö.; Dedner, S. 146

2.5   Sachliche und sprachliche Erläuterungen

Zahlreiche Wendungen und Bilder stammen aus Gutachten über den historischen Woyzeck. Sie werden hier nicht im Einzelnen nachgewiesen. Um ein Beispiel zu geben, wird der „Vorfall am Schlossberge in Graudenz" zitiert, den Dr. J. C. A. Clarus in sein endgültiges Gutachten über Woyzeck aufnahm: Clarus berichtet, Woyzeck sei auf die Stadt Graudenz zugegangen „und habe da am Himmel **drei feurige Streifen** gesehen", Glockengeläute gehört, „was ihm **unterirdisch** geschienen hätte", und er habe geglaubt, „dass wohl die **Freimaurer** ihr Zeichen verändert und ein anderes gewählt haben möchten".[49] Die fett gedruckten Begriffe wurden von Büchner in seinem Schauspiel Woyzeck in den Mund gelegt (9, 5 ff.).

Freies Feld (9, 2)[50]	Seit dem Sturm und Drang wurden die Räume im deutschen Drama geöffnet, die zuvor im Drama Lessings und der Aufklärer geschlossen waren.
schneiden Stöcke (9, 4)	Stöcke (In anderen Ausgaben heißt es „Stecken".) wurden für Korbflechtarbeiten, Schanzarbeiten und für die Prügelstrafe benötigt. Die Stecken werden für den Hauptmann geschnitten.
Schwämme (63, 19) H 2, 1	In H 2 werden die Schwämme in der 1. Szene erwähnt. Sie bekom-

---

49 Mayer, 1963, S. 100
50 Zitiert wird nach der Studienausgabe Georg Büchner: *Woyzeck*, nach der Edition von Thomas Michael Mayer, hg. von Burghard Dedner. Stuttgart: Reclam, 1999 (Universal-Bibliothek Nr. 18007). Die jeweils erste Zahl gibt die Seite an, die zweite die Druckzeile.

men später (22, 27 ff.) die Funktion des Orakels, da sie das Schicksal voraussagen könnten, wenn man die Myzels verstehe. Schwämme gehören zum heidnischen Zauber. In der 1. Szene erinnert der „verfluchte Platz" an einen Hexenring, der von Pilzmyzels gebildet wurde (bis zu 16 m Durchmesser) und sowohl böse, dann wuchs darin kein Gras mehr, als auch gute Kräfte (dann wuchs das Gras üppig) als Ursache hatte.

Streif, Kopf rollt, Hobelspäne (9, 5 ff.)

Woyzeck beschreibt eine Hinrichtungsstätte, an der Gespenster walten und mit ihren Köpfen kegeln. Wer sie stört, stirbt bald darauf. In Goethes *Erlkönig* wird für das sterbende Kind ein „Nebelstreif" zum Todessymbol. Diese Textstelle eröffnet eine immer wieder aufgerufene Symbol- und Metaphernfolge, die den unerbittlichen Ablauf des Geschehens signalisiert und die Wirkungslosigkeit menschlichen Handelns der Art Woyzecks demonstriert.

Freimaurer (9, 9)

Kosmopolitischer Geheimbund, der aus mittelalterlichen Bauhütten hervorgegangen ist und deren

Kunstlehre samt Riten und Symbolen übernahm. Freimaurer galten als Gegner des Feudalismus, brachen mit dem Ständewesen, kritisierten den Staat und dachten atheistisch. Bedeutende deutsche Denker, darunter Lessing, Goethe, Schiller, Herder und Wieland, waren Freimaurer. Mozarts Oper *Die Zauberflöte* war ein Werk im Sinne der Freimaurer.

Saßen dort zwei Hasen (9, 12 ff.)

Die zweite Strophe des Liedes spricht vom Tod der Hasen, die vom Jäger erschossen werden. Das Todessymbol des Beginns wird ausgebaut. Das Lied ist seit dem 15. Jahrhundert in zahlreichen Varianten bekannt.

Es geht was (9, 14)

Mit dem Pronomen „es" beschreibt Woyzeck die Angst, da er das Gespensterhafte nicht in Begriffe fassen kann. Vgl. auch 11, 26: Woyzeck fühlt sich von einem unheimlichen Verfolger, einer schicksalhaften Gewalt bedroht, die er nicht begrifflich zu fassen vermag oder will. „Es" steht nicht, wie sonst üblich, für ein Substantiv, sondern statt eines nicht zu fassenden Substantivs.

Sie trommeln drin (10, 4) Zapfenstreich, nach dem sich alle Soldaten in der Kaserne einfinden müssen. Üblicherweise durch Trommel oder Trompete verkündet, an festlichen Tagen durch das Musikkorps.

Der Zapfenstreich geht vorbey (10, 9) Siehe die vorige Anmerkung. Es handelt sich um einen Festtag, deshalb kann Woyzeck Marie auch auf die „Messe" (66, 18, H 2, 2) einladen.

Tambourmajor (10, 10) Kommandiert die Trommler. Dem Rang nach war er ein Unteroffizier, also keineswegs einem Major ebenbürtig.

Frau Jungfer (10, 25) Während junge adlige Mädchen Fräulein genannt wurden, war „Jungfer" ausschließlich bürgerlichen Mädchen vorbehalten. Die Frankfurter Polizeiordnung bestimmte, dass Jungfern im Gegensatz zum Fräulein keinen Schmuck tragen durften. Wenn die Nachbarin Marie „Frau Jungfer" nennt, reizt sie diese damit, denn sie ist weder „Frau", da ledig, noch Jungfer, da sie ein Kind hat.

honett (10, 26) Achtbar, ehrenhaft.

Luder (11, 1) Marie zahlt es der Nachbarin mit gleicher Münze beleidigend zurück. Das Luder ist ein Lockmittel, zuerst auf der Jagd, aber übertragen wurde der Begriff auf leichte Mädchen.

Mädel, was fangst du jezt an (11, 5 ff.)

Wanderstrophe, die variiert auch als Schluss anderer Volkslieder gesungen wurde. Büchners Text sehr nahe kommt *Die lustige Nonne aus Preßburg* (1806)[51].

Verles (11, 19)

Zählappell, wobei die Soldaten namentlich verlesen werden und selbst antworten müssen.

ein Rauch vom Land, wie der Rauch vom Ofen (11, 23 f.)

Woyzeck zitiert aus dem Untergang Sodom und Gomorrhas (AT, 1. Moses 19, 28). Fortwährend passt er seine Gesichte, Wahnvorstellungen und Visionen einer bibelähnlichen Metaphorik an und autorisiert sie dadurch.

die Messe (66, 18)
H 2, 2

Vermutlich Kirmes(s) = Kirchweih; auch in protestantischen Gegenden wurde der jährliche Feiertag der Kirchweih mit weltlichen Belustigungen und Jahrmärkten verbunden. Die Messe ist Anlass für die 3. Szene (*Buden. Lichter. Volk*) und auch für den Aufenthalt des Tambour-Majors in der Stadt, denn er gehört sonst zum Musikkorps der Residenz,

---

51 Vgl. Dedner, S. 21

	wie sein Hinweis auf den Prinzen, und damit den fürstlichen Hof, zeigt (19, 22).[52]
Auf der Welt ist kein Bestand (12, 8)	Alter Leierkastensang[53], verbreitet waren ähnliche Verse wie im satirisch-apokalyptischen *Kometenlied*: „Die Welt steht auf keinen Fall mehr lang" des Knieriem aus Nestroys *Der böse Geist Lumpazivagabundus* (1833). Knieriem ist ein Schustergeselle, der in den Sternen den nahen Weltuntergang gelesen hat und sich deshalb dem Trunk ergibt.
das astronomische Pferd (12, 16)	Eigentlich: das sternkundige Pferd, möglicherweise aber auch das wahrsagende sterndeutende Pferd (nach: Astrologie).
Canaillevögele (12, 17)	Kanarienvögel.
Potentaten (12, 17)	Herrscher, regierender Fürst.
Societäten (12, 18)	Wissenschaftliche oder gelehrte Gesellschaften.
commencement (12, 25)	franz.: Anfang. Der Ausrufer spricht grammatisch und semantisch gebrochen Deutsch. Dadurch zieht er in verstärktem Maße die Aufmerksamkeit des Publikums auf sich.

---

52 Vgl. auch Dedner, S. 36
53 Vgl. Bergemann, S. 668

Viehsionomik (14, 13)

Einerseits satirisches Wortspiel mit Physiognomik, der Kunst von der Ausdruckslehre der Gestalt und des Gesichts, die seelische Eigenschaften ausdrücken sollen. Durch Lavaters *Physiognomische Fragmente* (1775–78) wurde die Lehre populär, die Büchner in seiner Probevorlesung *Über Schädelnerven* ansprach. Auch in der Novelle *Lenz* erwähnte er Lavater. Andererseits ist es die Übertragung der menschlichen Ausdruckslehre auf das Vieh. Da sich Woyzeck zwischen Animalischem und Menschlichem bewegt, bezeichnet sie hier auch sarkastisch seinen Zustand.

bête (14, 15)

franz.: Tier, Bestie.

Bin ich ein Mensch? (16, 3)

In der Bedeutung: das Mensch; Beleidigung und Bezeichnung für eine leichtfertige Frau, auch eine Hure. Marie will ihre Ohrringe nicht von Woyzeck als Hurenlohn deklariert sehen. Sie sieht sich durchaus als „ein schlecht Mensch" (16, 14). Auch Andres bezeichnet Marie als ein „Mensch" (27, 28).

Woyzeck rasirt ihn
(16, 20)

Der historische Woyzeck hatte Perückenmacher gelernt und war zeitweise Friseur. In der Fassung H 1 tritt ein Barbier auf, der Züge Woyzecks trägt[54]: Er ist wissenschaftliches Versuchsobjekt, „die ganze Menschheit studirt" an ihm (52, 22 f., H 1, 10), u. a. Woyzecks Gegner, der Tambour-Major, tritt hier als Unteroffizier auf.

mit den zehn Minuten anfangen (16, 23 f.)

Der Hauptmann kennt als Lebensinhalt nur Langeweile; damit entspricht er anderen Gestalten in Büchners Werk (Danton mit seiner berühmten Auslassung über das Anziehen [2. Akt, 1. Szene], Lenz, Leonce). Die Langeweile ist Ausdruck einer sinnlos gewordenen Welt, die verändert werden muss, denn das Leben besteht nach Büchner „nur in Versuchen, sich die entsetzlichste Langeweile zu vertreiben". Deshalb müsse man „die Bildung eines neuen geistigen Lebens im Volke suchen"[55]. –

Lasset die Kindlein (18, 6)

Wenn es um seinen Sohn geht, kann Woyzeck klar, deutlich, grammatisch sauber und logisch reden. Wiederum weist er seine Bibelkenntnis aus, das Zitat findet

---

54 Ob dieser Barbier ursprünglich die Stelle von Woyzeck einnehmen sollte, ist umstritten (vgl. Bornscheuer, S. 32), allerdings auch bedeutungslos. Wichtig ist, dass Woyzeck auch Barbier war, Büchner ihn aber schließlich nur noch Soldat sein lässt, der seinen Hauptmann rasiert.

55 Brief an Gutzkow von 1836. In: Bergemann, S. 435

Lasset die Kindlein
(18, 6)

Wenn es um seinen Sohn geht, kann Woyzeck klar, deutlich, grammatisch sauber und logisch reden. Wiederum weist er seine Bibelkenntnis aus, das Zitat findet sich als Jesu Wort im NT bei Markus (10, 14), Matthäus und Lukas.

so müssten wir donnern
helfen (18, 18)

Büchner greift ein sozialkritisches Motiv des elsässischen Aufklärungsdichters Gottlieb Konrad Pfeffel (1736–1809) auf, der in dem Gedicht *Jost* geschrieben hatte: „Wir armen Bauern werden wohl/im Himmel fronweis donnern müssen." Das Motiv war in der zeitgenössischen Literatur verbreitet und geläufig.[56]

Moral, Tugend
(18, 14 und 19 ff.)

Beide Begriffe, im Vorfeld der Französischen Revolution zentrale Werte und Leitbegriffe der europäischen Aufklärung, haben um 1830 ihre Bedeutung verloren. Ihre Inhalte sind verloren gegangen.

anglaise (19, 1)

Gehrock, Kleidung bei Festlichkeiten.

Diskurs (19, 9)

Gespräch, Unterhaltung, Erörterung.

---

56 Vgl. Kurt Krolop: *„Im Himmel donnern helfen"*. In: Wiss. Zeitschrift der Martin-Luther-Universität Halle-Wittenberg. Gesellschafts- und Sprachwissenschaftliche Reihe, 12. Jahrgang, 1963, S. 1049 f.

Aufgabe, als repräsentativ auszusehen.

Sapperment (19, 27)

Ursprünglich: Fluchwort aus „Sakrament", später wie auch „sapperlot, sackerment" Ausruf des Erstaunens, heute veraltet.

Todsünde (20, 20)

Sünde, für die nach theologischem Moralverständnis der geistliche Tod (Verlust der Gnade) die Strafe ist; eine der sieben Todsünden ist die Wollust.

musculus constrictor vesicae (21, 16)

lat.: Blasenschließmuskel.

dem Willen unterworfen, frei, Individualität zur Freiheit (21, 16 ff.)

Die Begrifflichkeit gehört zur klassischen deutschen idealistischen Philosophie, die mit der freien Selbstbestimmung und dem bewusst eingesetzten Willen den Unterschied des Menschen zum Tier zu beschreiben versucht. Büchner setzte gegen diese idealistische Ansicht seinen materialistischen Natur-Begriff, der den Menschen als mindestens teilweise abhängig von seinen Trieben erklärt, und lädt ihn sozial auf. Dabei orientierte er sich nicht an Hegel, dessen Dialektik er ablehnte und für „Taschenspielerkünste" hielt.[57] Für ihn gab

---

57 *Mitteilungen Ludwig Wilhelm Lucks.* In: Bergemann, S. 590

es einen natürlichen und geschichtlichen Determinismus.

Harnstoff, salzsaures Ammonium, Hyperoxydul (21, 24 f.)

Es geht um Woyzecks Erbsen-Diät und deren Wirkung auf seinen Urin, in dem Harnstoff neben Wasser den größten Anteil hat. Unklar ist die Funktion des Hyperoxyduls. Der Begriff war zu Büchners Zeit unbekannt[58], könnte also eine Büchner'sche Ironisierung sein, die allerdings kaum verständlich gewesen wäre, oder Hinweis auf einen erfolgsbesessenen Experimentalphysiologen. Die Ansammlung von Fachbegriffen vergrößert die Distanz zwischen dem Doktor und Woyzeck, der sich zu retten versucht, indem er den chemischen Begriffen seine Wahnvorstellungen (Feuer vom Himmel, Schwämme) entgegensetzt.

proteus (22, 11)

Kleines Lebewesen (Amphibie oder Amöbe). Der Name stammt von dem griechischen Meergott Proteus, einem vielgestaltigen Verwandlungskünstler, Wahrsager, Meergreis und Hirten der Robben, der sich durch ständige Verwandlungen allen Begegnungen entzog.

---

58 Vgl. die Recherche bei Bornscheuer, S. 12 ff.

2. Textanalyse und -interpretation

aberratio, aberratio
mentalis partialis, die
zweite species (22, 25
und 31 f.)
Abweichung, teilweise geistige Verwirrung der zweiten (also stärkeren) Art.

Schwämme (22, 27)
Vgl. auch S. 31 der Erläuterung. In H 2, 6 erklärte Büchner die Figuren der Pilzmyzels und sprach von Ringen, Linien und Kreisen (72, 32 f.)

menage (23, 8)
Truppenverpflegung. Da Woyzeck nur Erbsen essen darf, kann er sich das Verpflegungsgeld auszahlen lassen und Marie geben.

apoplectische Constitution,
apoplexia cerebralis
(24, 1 ff.)
Zum Schlaganfall neigende Beschaffenheit, Gehirnschlag.

Citronen in den Händen
(24, 17)
Als Sitte beschrieben in Jean Pauls *Titan* (2. Band, 26. Jobelperiode, 101. Zykel): Danach bekommen im Todesfall die Leiche, Pfarrer und Küster eine Zitrone in die Hand, bei Trauungen die Braut und die Geistlichkeit. Sie ist Zeichen der irdischen und himmlischen Erquickung.

Sargnagel, Exercirzagel
(24, 19 und 25)
Doktor und Hauptmann gehen beleidigend miteinander um. Das

wird in anderen Fassungen noch deutlicher (74 ff., H 2, 7). Der Hauptmann sieht im Doktor jemanden, der ihn in den Sarg bringt, der Doktor im Hauptmann einen, der nicht die Wissenschaft, sondern nur das stupide Reglement (Exerzieren galt als besonders geisttötend) im Kopf (wie zur Zeit der alten Zöpfe; Zagel = Zopf, Büschel) hat.

Plinius (25, 5)

Wahrscheinlich Verwechslung von Plinius dem Älteren mit Plutarch, der das Abrasieren der Bärte vor der Schlacht auf Alexander den Großen zurückführte, der verhindern wollte, dass sich die Gegner daran festhalten.[59]

Sapeur (25, 12)

Pionier, Schanzsoldat.

Frau Wirthin (27, 5)

Anzügliches Volkslied *Das Wirtshaus an der Lahn* mit derb-sexuellen Inhalten; Büchner zeichnete die Strophe vermutlich erstmals auf.

die Menscher dämpfen (27, 12 f.)

Die Wendung bedeutet: die leichtfertigen Frauen (auch: Huren) dampfen vor Wollust. Später spricht Woyzeck vom „heiß, heiße(n) Hurenathem" (36, 15 f.).

---

59 Bergemann, S. 706

Ich hab ein Hemdlein an (28, 6)

Als Lied nicht bekannt, vielleicht auch nur sinnloses Spiel in Vorbereitung der Predigt des Handwerksburschen; später singt der Tambour-Major ähnlich unsinnig (31, 21 f.). Sie wären dann von gleichem Sinn und Geist.

ein Loch in die Natur machen (28, 11 f.)

Vermutlich im Sinne: „Soll ich dich verletzen?" Die Szene ist aufgeheizt und aggressiv, ähnlich auch in *Dantons Tod* (2. Akt, 6. Szene), wo revolutionäre Bürgersoldaten registrieren, dass sie in anderer Leute Körper Löcher gemacht hätten, aber „noch kein einziges in unsern Hosen zugegangen" sei (Bergemann, S. 47), die Revolution ihnen also noch nichts gebracht hat.

Bouteillen (28, 19)

franz.: Flaschen.

Ein Jäger aus der Pfalz (28, 22 ff.)

Das Lied *Ein Jäger aus Kurpfalz* ist seit 1763 nachgewiesen und in zahlreichen textlichen Varianten verbreitet. Felix Mendelssohn Bartholdy nannte es in einem Brief an Fanny Hensel das „pfälzische Nationallied", das von Regimentsmusiken als Ständchen und als Marsch gebraucht werde.[60]

---

60 Bernd Pachnicke (Hg.): *All meine Gedanken. Deutsche Volkslieder.* Leipzig: Edition Peters 1980, S. 46 f.

predigt auf dem Tisch
(29, 13)

Parodie einer Predigt mit zahlreichen direkten Zitatmontagen aus AT und NT.

Weißbinder (29, 19)

Anstreicher, Maler.

über 's Kreuz pissen, damit ein Jud stirbt
(29, 29 f.)

Antisemitische abergläubische Vorstellung[61]; auch Ausdruck der reaktionär-konservativen Haltung der Handwerksburschen, die dadurch auch für antisemitisches Denken anfällig werden.

in einem Bett (30, 12)

In den Gutachten über Woyzeck wird berichtet, dass er, wie es in Kasernen üblich war, mit einem anderen Soldaten sich ein Bett geteilt habe.[62]

dunkelblau pfeifen
(31, 19 f.)

Nach den Clarus-Gutachten wusste Woyzeck mit dieser Beleidigung nichts anzufangen[63], Clarus ordnete sie dem „niedrigen Pöbel" Leipzigs zu und Büchner konnte sie aus den Gutachten erfahren. Überzeugender ist die Erklärung, man spreche so in Südhessen verächtlich von einem Erfolglosen.[64]

---

61 Vgl. Bornscheuer, S. 21
62 Mayer 1963, S. 88 f.
63 Mayer 1963, S. 101
64 Dedner, S. 58

blättert in der Bibel
(32, 19)

Marie liest im NT: im 1. Brief des Petrus 2, 21, Johannes 8, 3–11. Sie fleht um Hilfe ähnlich Gretchens Gebet in Goethes *Faust I*, V. 3587–3619.

**die goldne Kron, Königin
ihr Kind, Blutwurst**
(33, 4 ff.)

Versatzstücke aus Märchen, ohne wörtlich zu entsprechen (vgl. Anmerkung zu „Neuntödter", 35, 8 ff.): die goldne Krone als Attribut verschiedener Märchen, das Kind aus dem Grimm'schen Märchen *Rumpelstilzchen*, Blut- und Leberwurst ebenfalls aus dem Grimm'schen Märchen *Die wunderliche Gasterei*. Es sind bedrohliche Situationen, die in diesen Märchen beschrieben werden. Marie wird noch angstvoller und bietet sich als Sünderin zur Buße an wie die Sünderin Maria Magdalena im NT (Lukas 7, 37–38), die Jesus' Füße mit ihren Tränen wäscht und mit ihren Haaren trocknet.

Kamisolchen (33, 20)

Unterjacke, kurze Jacke; gehörte nicht zur Montur (Soldatenbekleidung).

Es war einmal (35, 8 ff.)

Wie der Narr Karl montiert nun die Großmutter verschiedene Märchen: *Die sieben Raben, Stern-*

taler u. a. Aus der Montage entsteht ein neues Märchen, das eine ausweglose Situation beschreibt.

gerrt (35, 11 und 22)

mundartlich: laut weinen (Deutsches Wörterbuch V, 3733).

Neuntödter (35, 18)

Volkstümliche Bezeichnung für den Rotrückenwürger; Vogel, der seine Beute auf Schlehen- und Heckendornen spießt.

Hafen (35, 20)

süddt.: Topf, auch in der Bedeutung „Nachttopf".

am rothen Kreuz (39, 9)

Kreuz im Darmstädter Stadtwald, zu Büchners Zeit aus Holz, heute aus Stein. Kreuze dieser Art deuten oft als Sühnekreuze auf Morde hin und finden sich überall. Indem die Kinder die Ermordete dort suchen wollen, verbinden sie das schreckliche Geschehen mit einem Schauersymbol.

rothe Schnur um den Hals (39, 18)

Bereits im frühen deutschen Schrifttum das Kennzeichen Enthaupteter, die wiederbelebt wurden oder auferstanden.

2.6   Stil und Sprache

Büchner nutzte alle Möglichkeiten des gesprochenen Alltagswortes. Nirgends im Stück ist die hohe Sprache der Tragödie zu hören. Die Dialoge sind nicht dramatisch organisiert, sondern erscheinen zufällig, wobei Beginn und Ende geradezu willkürlich erscheinen. Es sind dramaturgisch und sprachlich Momentaufnahmen aus einem größeren Geschehen. Auch deshalb konnten sich die Naturalisten, die das zur Theorie ausweiteten und Jargon sowie Dialekt breiten Raum gaben, so entschieden auf Büchner berufen.

Der Begriff des windschiefen Dialogs ist für die Gespräche der Personen treffend: „... in letztem Missverstehen reden die Menschen aneinander vorbei"[65]. Die Dialoge sind in Wirklichkeit Monologe; die das Drama organisierende Wechselrede gibt es nicht. Dialogansätze werden durch Formen wie Lieder, Märchen, Predigten und Reden zerstört. Die Gestalten bemühen sich um Gespräche, werden aber immer auf sich selbst zurückgeworfen bzw. können einander nicht verstehen, da sie unterschiedlichen sozialen oder geistigen Gruppen angehören. Die Sprache ist vielschichtig:

Fachsprache des Arztes – musculus constrictor vesicae, apoplexia cerebralis usw.: für den Arzt sind die Menschen seiner Umgebung nur Fälle wie für den Hauptmann nur Uniformierte („Kerl, will er erschoßen werden ...?" 26, 1). Auch grammatisch werden hier summierende Reihen gebaut („starr, gespannt, zuweilen hüpfend" 26, 5 f.)

Hoch- und Literatursprache: wird verwendet, wenn die Intellektuellen des Stücks zivil sein wollen und ihre Bildung herausstellen. Dann wird ein sinnentleertes philosophisches

---

65 Mayer, 1960, S. 333

und ethisches Vokabular eingesetzt, das in seiner grammatischen Sicherheit den Abstand zu den sozial tiefer Stehenden ausweist.

Umgangssprache wird von den meisten Gestalten im alltäglichen Verkehr miteinander gesprochen, dabei werden unvollständige Sätze (Ellipsen wie „Schön Wetter" (27, 10) usw.), Prolepsen, Rückfragen („Weiß ich 's?" (35, 27)) und echte eingliedrige Sätze („Still!" (9, 14)) verwendet. Diese sprachlichen Erscheinungen werden in der Literatur nur zu besonderen Zwecken benutzt; hier dominieren sie und werden so funktional der vorherrschenden sozialen Schicht gerecht (Woyzeck, Marie, Tambour-Major usw.). Die Umgangssprache ist dialektal hessisch gefärbt (Verneinungen „nit", Elisionen = e-Auslassungen, Diminutive = Verkleinerungen u. a.).

Es werden sprachliche Mittel verwendet wie **Jargon** (Weibsbild, Sapperment u. a.), **Oxymora** (scheinbar widersinnige Wortverbindungen wie „viehische Vernunft" (12, 21 f.), „ein tierischer Mensch" (14, 14 f.), **Tautologie** („Anfang von Anfang ... commencement von commencement" 13, 7 ff., „Moral, das ist, wenn man moralisch ist" (17, 30 f.)) und **Zeugmata** (Verbindung nicht zusammengehörender Wörter wie „Was der Mensch Quasten hat", 13, 12: der Mensch hat keine Quasten, nur seine Kleidung).

Der Anteil **nichtsprachlicher Bestandteile** ist groß. Da die meisten Gestalten nur bedingt Fähigkeiten des sprachlichen Ausdrucks haben, setzen sie andere Verständigungsmittel ein. Sie stampfen (9, 18), starren (9, 25; 20, 10; 34, 3), demonstrieren Besitz (14, 27 f.), zeigen heftige Erregungen wortlos (29, 1 ff.) und beschränken sich auf Ausrufe und Laute (10, 11 f.)

Das sprachliche Wertesystem der sozial Schwachen wird über **Zitate** eingebracht: Die Gruppe der Armen, zu der

Woyzeck und Marie gehören, ist sprachlich unbeholfen und oft nicht in der Lage, sich problemlos zu artikulieren. Aber sie drängen zur bildhaften Sprache (Bibel), zur Volkspoesie, zum Volkslied und Märchen. Dabei können sie auf vorgefertigte Versatzstücke zurückgreifen, die sie nicht zu bilden, sondern nur den Situationen aufzulegen brauchen. Deshalb spielen diese sprachlichen Elemente eine so große Rolle, angemessen der sozialen Quantität der Gestalten. Das Zitat aus volkstümlicher oder besonders bildhafter Literatur ist bei Büchner das adäquate Ausdrucksmittel der einfachen Menschen.

2.7   Interpretationsansätze

Die Szenen werden durch die Veranlagungen der Figuren geprägt. Bei Woyzeck fällt die „Natur" auf. Er setzt sie gegen die Tugend; in der Schaubude begegnet ihm das Tier als „noch Natur, unideale Natur" und die ärztlichen Experimente kann er nicht durchhalten, weil ihm die „Natur" kommt. Die **Natur ist die Prägung**, die Woyzeck einerseits entsozialisiert, andererseits liebesfähig macht, denn Liebe ist Natur im Gegensatz zu käuflicher Lust, Sex, Voyeurismus und Erotik, die sich mit der herrschenden Tugend gut vereinbaren lassen. Das macht den Gegensatz von Woyzeck und dem Tambour-Major aus. Liebe/Erotik ist neben den sozialen Beziehungen ein wichtiges und präsentes Thema des Stücks und wird sprachlich umfangreich realisiert (etwa in den Wortfeldern „Fortpflanzen", „Zucht" und „Stier"). Aus der Natur kommen die Stimmen, die Woyzeck handeln lassen, auch töten. Woyzeck ist, da er der Natur verfallen ist, weil er nicht sozial eingebunden wurde, schicksalhaften Mächten ausgeliefert und wird von ihnen bestimmt. Insofern sind Woyzecks Monologe oder Reden stets von Stimmen überlagert, von Visionen bedrängt und vom Wahnsinn nicht weit entfernt, niemals ist er zu analytischer Betrachtung fähig.

Er hatte in allen Bereichen des Lebens, auch bei der wirtschaftlichen Sicherung der Familie, große Mühe. Sie kommt in seinen Reden zum Vorschein, die keiner sprachlichen Logik unterliegen und sogar Gesetzmäßigkeiten aufheben, Zeichen für eine zunehmende Agrammatik und Sprachlosigkeit. Sein Ende, soweit es erkennbar ist, wird metaphorisch in allen Szenen vorbereitet (**metaphorische Antizipation**). Sie sind von Todesbildern – Metaphern oder Reflexionen über den Tod – durchzogen. In

Natur

Sprachlosigkeit

der 1. Szene (Freies Feld) rollt ein Kopf (Hinrichtungs-metapher), liegt auf Hobelspänen (Todessymbol) und unter Woyzeck ist es „hohl" (Grabsymbol). Die Vision von den Po-saunen des Himmels und dem Feuer erinnert an die Apoka-lypse (Offenbarung Johannis 8, 7–10) und das Jüngste Gericht mit den aufbrechenden Gräbern („Alles hohl da unten" 9, 19 f.); schließlich erscheint Woyzeck die Welt als „tot". Selbst das einmontierte Volkslied (9, 12 f.) handelt vom Tod, wenn man die anderen Verse erinnert: „Als sie sich nun satt gefressen hatten, setzten sie sich nieder, bis dass der Jäger, Jäger kam: und schoss sie nieder."

Woyzeck hat eine private Sphäre, die aus Marie und dem Kind besteht, und eine gesellschaftliche, in der er Soldat und damit von Vorgesetzten abhängig ist. Diese beiden Sphären werden von ihm strikt **Sphären** getrennt, nicht aber von Marie. Durch sie überschneiden sie sich: Der Tambour-Major aus der gesellschaftlichen Sphäre bricht in die private Sphäre ein und zerstört sie. Dadurch ver-liert Woyzeck seine mühsam aufrecht erhaltene Orientierung und versucht, diese Ordnung und Orientierung wiederherzu-stellen. Als Andres ihm („Kasernenhof") die Beschreibungen Maries durch den Tambour-Major mitteilt, erklärt Woyzeck „ganz kalt: ... Von was hat mir doch heut Nacht geträumt? War's nicht von einem Messer?" (113, 16 f., H 1, 8) Das deutet auf den Tambour-Major als Opfer hin; tatsächlich wird aber Marie das Opfer.

Von besonderer Bedeutung im *Woyzeck* ist Büchners Auffassung vom „grässli-**Fatalismus der Geschichte** chen Fatalismus der Geschichte"[66]. **Büchners Fatalismus** wird aus der Erkenntnis gespeist, dass alles, was lebt, auch sterben muss. So lässt er es den Leierkastenmann in der

---

66 Brief an die Braut Wilhelmine Jaeglé vom November 1833. In: Bergemann, S. 395

auch sterben muss. So lässt er es den Leierkastenmann in der 3. Szene singen. Die Zwanghaftigkeit des Todes, wenn Leben einmal da ist, veranlasst den Menschen zur Lebensplanung, da ihn andere Gestaltungsmöglichkeiten vertrösten (Jenseits, Erlösung usw.). Damit verbindet Büchner die Frage, wie weit der Mensch von Umständen abhängig ist, die „außer uns liegen"[67]. Diese Frage wurde auch zwischen dem Hauptmann und Woyzeck, Woyzeck und dem Doktor diskutiert, ob der Mensch in seinen Planungen frei oder vorherbestimmt sei. Das entscheidende Dokument Büchners zu diesem Thema war ein Brief vom November 1833 an seine Braut, der sogenannte *Fatalismusbrief*, in dem es hieß:

> *„Ich finde in der Menschennatur eine entsetzliche Gleichheit, in den menschlichen Verhältnissen eine unabwendbare Gewalt, allen und keinem verliehen. Der Einzelne nur Schaum auf der Welle, die Größe ein bloßer Zufall, die Herrschaft des Genies ein Puppenspiel, ein lächerliches Ringen gegen ein ehernes Gesetz, es zu erkennen das Höchste, es zu beherrschen unmöglich ... Was ist das, was in uns lügt, mordet, stiehlt?"*[68]

Zu diesem Fatalismus, den man auch vereinfachend als Schicksal und Schicksalsergebenheit bezeichnen kann, gehören auch die Anleihen Büchners bei der **Schicksalsdramatik**. Das trifft etwa für den Platz zu, an dem Woyzeck Marie tötete: Es ist ein Platz, der mit allen Attributen des Furchtbaren ausgestattet ist, der schaurige Platz der Schauerliteratur, wie er sich in der Romantik herausbildete und besonders die schicksalhaften Romane und Dramen bestimmte.

---

67 Vgl. dazu Mayer, 1960, S. 330.
68 Bergemann, S. 395. Die Formulierung verwendet Büchner wortwörtlich, aber erweitert in *Dantons Tod* wieder: „Was ist das, was in uns hurt, lügt, stiehlt und mordet?". In: *Dantons Tod*. (Bergemann, S. 47)

3.   Themen und Aufgaben

Die Verweise der Lösungshilfen beziehen sich auf die Seiten der vorliegenden Erläuterung.

1) Thema: Woyzeck zwischen Mensch und Tier

Textgrundlage:
Woyzeck (Studienausgabe Dedner, S. 21–26)

▶ Beschreiben Sie, wie Woyzeck vom Doktor und vom Hauptmann behandelt wird.

▶ Erklären Sie die Funktion, die die Schaubudenszene hat (3. Szene).

Lösungshilfe: S. 29

▶ Stellen Sie alle Zitate zusammen, in denen Woyzeck mit einem Tier verglichen wird.

2) Thema: Woyzecks soziales Profil

Textgrundlage:
Woyzeck (Studienausgabe Dedner, S. 9–40)

▶ Schildern Sie Woyzecks Verfassung und interpretieren Sie seine Visionen.

▶ Beschreiben Sie Woyzecks Beziehungen zu seiner Umwelt im privaten und im gesellschaftlichen Bereich.

Lösungshilfe: S. 68 f.

▶ Vergleichen Sie Woyzeck mit Ihnen bekannten literarischen Helden und stellen Sie Unterschiede zusammen.

3) Thema: Symbole und Metaphern

Textgrundlage:
Woyzeck (Studienausgabe Dedner, S. 9–40)

▶ Stellen Sie eine Liste der Begriffe und Wendungen zusammen, die auf den Tod weisen. Erklären Sie die Funktion dieser Begriffe in dem Text.

Lösungshilfe: S. 40 f.

▶ Erfassen Sie Vergleiche, Wortfolgen und Beschreibungen, wo Tierisches und Menschliches zusammengestellt erscheint (etwa „gepisst wie ein Hund" oder „viehdummes Individuum"). Stellen Sie fest, auf welche Personen sich das bezieht.

▶ Suchen Sie nach anderen hervorstechenden Attributen oder Wortfolgen (etwa „rot", „bleich-weiß" usw.) und stellen Sie diese zusammen. Beschreiben Sie ihre Funktion im Text.

4) Thema: Die Märchen

▶ Vergleichen Sie das Grimm'sche Märchen *Die Sterntaler* mit dem Märchen der Großmutter (18. Szene; 35, 8 ff.).

▶ Stellen Sie Märchenhaftes zusammen und ordnen Sie es den ursprünglichen Märchen zu. Versuchen Sie das auch mit den Liedern.

▶ Versuchen Sie, die Unterschiede zwischen den ursprünglichen Märchen und Büchners Verwendung zu erfassen und mit Blick auf das Stück zu erklären.

Textgrundlage:
Text 35, 8 ff.;
33, 3 ff.
Lösungshilfe:
S. 24

5) Thema: Recht und Gerechtigkeit

▶ Verhandeln Sie mit verteilten Rollen den Fall „Woyzeck": Berufen Sie Staatsanwalt, Richter und Verteidiger. Sammeln Sie Argumente für eine Entscheidung.

Textgrundlage:
Auszüge aus den
Clarus-Gutachten
(Dedner,
S. 121–157)

▶ Stellen Sie mit verteilten Rollen Woyzeck und Zeugen (Doktor, Hauptmann, Tambour-Major, Marie) einander gegenüber und lassen Sie ihr Verhalten begründen.

▶ Beurteilen Sie mit dem heutigen Wissen Woyzecks Tat und sprechen Sie ein Urteil.

6) Thema: Der „grässliche Fatalismus"

▶ Erklären Sie, was Büchner unter diesem Fatalismus verstand.

▶ Wenden Sie die Bestimmung des Fatalismus auf den *Woyzeck* an.

▶ Wie verhalten sich Natur und Moral zueinander unter Beachtung des Fatalismusgedankens?

Textgrundlage:
Brief Büchners
vom November
1833 an die Braut
(Auszug, S. 70)
Lösungshilfe:
S. 69 f.

7) Thema: Der Georg-Büchner-Preis

▶ Stellen Sie die Büchnerpreisträger seit 1951 zusammen und stellen Sie diese vor.

▶ Wählen Sie sich ein Beispiel und beschreiben Sie die Beziehungen zwischen der/dem Schriftsteller/in und Georg Büchner (z. V. Volker Braun und Georg Büchner)

▶ Lesen Sie eine Büchner-Preisrede und beschreiben Sie, welchen Zugang die/der von Ihnen gewählte Schriftsteller/in zu Büchner gewählt hat.

Textgrundlage:
Büchner-Preis-
Reden, Reclams
Universal-Biblio-
thek Nr. 9332,
Nr. 8011,
Nr. 9313.

Lösungshilfe:
S. 79 f.

4. Rezeptionsgeschichte

Seit der Uraufführung des *Woyzeck* 1913 gehört das Werk zu den meistzitierten deutschen Texten. Literaturwissenschaftler, Dichter, Künstler und ein breites Publikum kamen über seiner Deutung, Entschlüsselung und Weiterführung nicht zur Ruhe. Deshalb kann hier nur punktuell auf die Rezeption hingewiesen werden.

Die Beschäftigung mit *Woyzeck* begann lange nach dem Tod des Dichters. Erst 1875 wurden einige Szenen des Stückes durch die *Neue Freie Presse* (Wien) bekannt.[69] Dabei stand die Öffentlichkeit Büchner keineswegs aufgeschlossen gegenüber. Als Franzos sich 1874 im Wiener *Fremdenblatt* für Büchner und seinen *Lenz* einsetzen wollte, lehnte der Chefredakteur ab:

> *„Diese wüsten Bursche (Büchner und Lenz, R. B.) sind ja eigentlich gar keine Dichter, denn sie haben ja keine Form. Freuen wir uns doch daran, dass wir in Zeiten leben, wo gottlob die Kunstform des Dramas endlich feststeht! Warum nun an Leute erinnern, die eben zu wenig Kraft und Selbstzucht hatten, sich die Beherrschung dieser Form zu erringen?!"*[70]

1878 publizierte die naturalistische Zeitschrift *Mehr Licht!* erstmals den gesamten Text.[71] Bis dahin war Büchners *Woyzeck* weitgehend unbekannt. Karl Emil Franzos, der den Text entziffert, allerdings auch bearbeitet hatte, gab in sei-

---

69 Vgl. zu dieser Rezeption: Gerolf Demmel: *Untersuchungen zur Aufnahme und Wirkung des Werkes Georg Büchners zwischen 1835 und 1890.* Dissertation Halle (Saale), 1981

70 Karl Emil Franzos: *Über Georg Büchner.* In: Deutsche Dichtung. Bd. 29, Berlin 1901, S. 290. Vgl. auch Demmel, S. 137 f.

71 Die Zeitschrift „*Mehr Licht!"* war frühnaturalistisch geprägt und hatte deshalb auch juristische Angriffe wegen Majestätsbeleidigung u. a. zu bestehen. Sie hielt das ein Jahr durch und veröffentlichte Texte Karl Bleibtreus, Julius Harts, M. G. Conrads und Wolfgang Kirchbachs; man beschäftigte sich mit Karl Gutzkow, Björnstjerne Björnson, Ibsen, Richard Voß, Turgenjew, Bret Harte u. a. In den ersten drei Heften (5. Oktober –19. Oktober 1878) wurde Franzos' Einführung und Georg Büchners *Wozzeck. Ein Trauerspiel-Fragment* veröffentlicht.

nem Bericht über die Entzifferung auch eine Bewertung des Stücks:

> *„Insbesondere aber geht durch dasselbe ein Hauch der politischen und sozialistischen Überzeugungen, welche ihn (Büchner, R. B.) damals beseelten. Tiefstes Erbarmen mit den Armen und Elenden erfüllte sein Herz und der glühendste Wunsch, ihnen zu helfen. Dieses Erbarmen ist denn auch der Grundton, welcher – oft bizarr, fast zynisch und dennoch ergreifend – die Volksszenen des Wozzeck durchbebt. In knappsten Zügen findet sich da die beredte Schilderung der Not, welche den Menschen in dumpfer Rohheit gebannt hält.“* [72]

Durch den deutschen Naturalismus wurde Büchner berühmt. Als ein Theoretiker des Naturalismus, Eugen Wolff, 1888 den Begriff der „Moderne" für die zeitgenössische naturalistische Literatur in Anspruch nahm, ordnete er in eine Reihe von „Kraftdramatikern" wie Grabbe, Hebbel, Otto Ludwig auch Büchner ein und gestand ihnen den „modernen realistischen Stil" [73] zu. Der Verein „Durch!" nahm 1887 Gerhart Hauptmann als Mitglied auf. Vier Wochen später hielt er einen Vortrag über Büchner und erinnerte sich, die „neue Ausgabe von Georg Büchner, besorgt durch Karl Emil Franzos" [74] besprochen zu haben. Es war keine Neuentdeckung Büchners, sondern ein Nachweis der Interessen Hauptmanns. Hauptmann irrte in seinen Erinnerungen. Als er den Vortrag am 17. Juni 1887 hielt, war die Ausgabe bereits 8 Jahre auf dem Markt. Die Mitglieder des Vereines kannten sie. Von den Naturalis-

---

72 Karl Emil Franzos: *Wozzeck. Ein Trauerspiel-Fragment von Georg Büchner.* In: Mehr Licht! Eine deutsche Wochenschrift für Literatur und Kunst. Im Selbstverlage des Herausgebers Silvester Frey (d. i. Emil Eppenstein), Berlin, den 5. Oktober 1878, 1. Jahrgang, Nr. 1, S. 6

73 Eugen Wolff: *Die jüngste deutsche Literaturströmung und das Prinzip der Moderne.* Berlin 1888 (Literarische Volkshefte, Nr.5), S. 37

74 Gerhart Hauptmann: *Das Abenteuer meiner Jugend.* In: Sämtliche Werke (Centenar-Ausgabe), hg. von Hans-Egon Hass, Bd. 7. Berlin: Propyläen, 1996, S. 1055

ten war nur Karl Bleibtreu ein radikaler Büchner-Gegner. Es nahmen auch nur drei Mitglieder des Vereins an dem Vortrag teil; vier Wochen zuvor hatte man eine Sitzung bei drei Teilnehmern ausfallen lassen. Gerhart Hauptmanns Novelle *Bahnwärter Thiel* (1888) zeigte in den Dämonisierungen der Natur, was Hauptmann von Büchner gelernt hatte.[75] –

Bertolt Brecht

Bertolt Brecht sah als Medizinstudent in Büchners *Woyzeck*, in Stücken Wedekinds und in Valentins Clownerien die ihn prägenden Bildungserlebnisse. Als Max Reinhardt ihm 1942 erklärte, Brechts *Furcht und Elend des dritten Reiches* erinnerten an Büchners *Woyzeck* und er halte Büchners Stück für das „stärkste drama der deutschen literatur"[76], trug Brecht das stolz in sein Arbeitsjournal ein. Er war selbst der Meinung, Büchners *Woyzeck* sei ein vollkommenes Stück. Als er im *Kleinen Organon für das Theater* seine Theorie zusammenfasste und seinen Begriff „Gestus" erläuterte, stellte er Beispiele für den Grundgestus zusammen, von dem aus alle Handlungen als soziales Verhalten im Gegensatz zum selbstbestimmten Verhalten einer Person ausgehen würden. Neben Shakespeare, Goethe und ihm war *Woyzeck* das vierte Beispiel: „Woyzeck kauft ein billiges Messer, seine Frau umzubringen."[77]

Friedrich Dürrenmatt

Friedrich Dürrenmatt führte Büchners szenischen Ablauf im *Woyzeck* bis zu seiner schlimmstmöglichen Wendung in seinem *Achterloo* (1983): Die Welt geht in einen Amoklauf des Irrsinns unter und erlebt ihr Waterloo, das Theater löst sich in Kabarett-

---

75 Zur Büchner-Rezeption im Naturalismus und der Erstveröffentlichung von Büchners *Woyzeck* in *Mehr Licht!* vgl. Rüdiger Bernhardt: *Die Herausbildung des naturalistischen deutschen Dramas bis 1890 und der Einfluss Henrik Ibsens*. Halle. Diss. 1968, Bd. 1, S. 73–77, Bd. 3, S. 35 ff.

76 Bertolt Brecht: *Arbeitsjournal 1938–1955*. Berlin und Weimar: Aufbau-Verlag 1977, S. 271 (Eintragung vom 20. 5. 1942)

77 Bertolt Brecht: *Kleines Organon für das Theater*. In: Schriften zum Theater, Bd. VII, Berlin und Weimar: Aufbau-Verlag 1964, S. 54

szenen und Gags auf. Woyzeck rasiert beim Rollentherapie-spiel im Irrenhaus Napoleon, dem er dabei aber nicht auftragsgemäß die Kehle durchschneidet, sondern dafür den Geheimdienstchef Fouché umbringt. Die Welt ist zum Irren-haus geworden. Dürrenmatt wollte ein „Endspiel" seiner Dra-maturgie schaffen.

Zahllose Schriftsteller des 20. Jahrhunderts wären zu nennen, wenn es um die Rezeption von Georg Büchners *Woyzeck* geht. Genannt wenigstens seien: Frank Wedekind, Rainer M. Rilke (über *Woyzeck*: „ein Schauspiel ohnegleichen"[78]), Georg Kai-ser, Alfred Döblin (dessen Franz Biberkopf in *Berlin Alexanderplatz* ein Nachkomme Woyzecks ist), Anna Seghers (sah Büchner lebenslang als ihr großes Beispiel und rechnete ihn zu den Besten einer „erstaunlichen Reihe der jungen, nach wenigen übermäßigen Anstrengungen ausgeschiedenen deut-schen Schriftsteller"[79], Max Frisch hielt Büchners Sätze für Mottos, die „heute über fast ganz Europa hängen"[80], Arnold Zweig („Dieses Trauerspiel hat zum ersten Male den Helden unterhalb aller bisher dramenwürdigen Stände gefunden."[81]), Peter Hacks (der 1960 Büchner noch neben Shakespeare und Goethe ansiedelte, sah 1990 in ihm den „Drittkopf des deut-schen Niedergangstrios. Kleist, Grabbe und Büchner sind von nichts ein Anfang."[82]) sah Georg Büchner als Schüler Ludwig Tiecks und so mitverantwortlich für alle Schäden, die er der Romantik aufbürdete.

1925 wurde Alban Bergs Oper in drei Akten *Wozzeck* an der Berliner Staats-

1925 Oper *Wozzeck*

78 Rilke an Marie von Thurn und Taxis-Hohenlohe vom 9. Juli 1915 (Briefwechsel, S. 426 f.)
79 Anna Seghers: *Aufsätze, Ansprachen, Essays 1952–1962*. In: Gesammelte Werke in Einzelaus-gaben, Berlin und Weimar. Aufbau-Verlag, 1977–1980, Bd. 13, S. 36 f.
80 Max Frisch: *Tagebuch 1946–1949*. Berlin: Volk und Welt, 1987, S. 172
81 Arnold Zweig: *Versuch über Büchner* (1925). Essays 1959 (Ausgewählte Werke, Bd. 15), Bd. 1, S. 199 f.
82 Peter Hacks: *Ein Motto von Shakespeare über einem Lustspiel von Büchner*. In: Die Maßgaben der Kunst. Gesammelte Aufsätze 1959–1994. Hamburg. Edition Nautilus, 1996, S. 355

oper (Dirigent: Erich Kleiber) szenisch uraufgeführt, Begeisterung und Ablehnung waren die Reaktion. Eines der wichtigsten Werke des modernen Musiktheaters lebte von der Diskrepanz des hohen musikalischen Stils und Aufwands und dem unterstem sozialen Milieu, in dem die Handlung spielt. Die Oper wird bis heute oft aufgeführt. Das Schicksal hatte Manfred Gurlitts Oper *Woyzeck* (1926) nicht; sie wird nur selten gespielt (z. B. 1985 als konzertante Aufführung in Wien).

Seit den Sechzigerjahren des 20. Jahrhunderts „kann mit gutem Recht von einer neuen Phase seiner (Büchners, R. B.) Rezeption und Wirkung gesprochen werden."[83] Das gilt auch

Verfilmungen

für Massenmedien. 1947 verfilmte Georg C. Klaren für die DEFA Büchners *Woyzeck* (Filmtitel: Wozzek) mit Kurt Meisel in der Titelrolle, Helga Zülch als Marie und Paul Henckels als Doktor. Der Regisseur verstand das Werk als Parabel gegen Krieg und Menschenexperimente. Formal näherte sich der Film expressionischen Formen an und machte die Dinge zu Symbolen: Es wurde ein Film der Naheinstellungen. Hans Christian Blech spielte den Woyzeck in der Verfilmung R. Noeltes. 1978 drehte Werner Herzog *Woyzeck* mit Klaus Kinski in der Titelrolle und erreichte eine adäquate Umsetzung des oft jäh wechselnden Textes durch kühne Schnitte und harte Brüche. 1965 inszenierte Lothar Bellag im Fernsehen der DDR *Woyzeck* (mit Ekkehard Schall in der Titelrolle, Jutta Hoffmann als Marie). Bei den Bühnenbildern ließ er sich von Käthe Kollwitz' Zeichnungen anregen. Am 4. Mai 1981 sendete das ZDF eine Verfilmung des *Falls Woyzeck* (Regie: O. Döpke), eine Mischung aus Dokumentation und Büchner-Szenen. Die Inszenierung 1980 von Manfred Karge/Matthias Langhoff am Bochumer Schauspielhaus mit dem neuen Titel *Marie. Woyzeck*, analog zu

---

83 Schmid: *Kommentarband*, S. 9

Leonce und Lena, wurde vom WDR 1982 aufgezeichnet und gesendet. Der Titel sollte darauf hindeuten, dass Marie die Figuren beherrscht und alles auf Sexualität zielt. Das Leben geht nach dem Mord, zwar ohne Marie und Woyzeck, weiter.

Ein besonders anspruchsvolles Projekt war das Dresdner Büchner-Projekt 1982 am Staatstheater, bei dem man das Publikum in kurzer Zeit mit dem gesamten Büchner vertraut machen wollte und dazu ein Theaterfest veranstaltete. Die Vorstellungen waren so geplant, „dass an drei aufeinander folgenden Abenden Büchner gespielt wurde und der vielstündige ‚Theatermarathonlauf' in Etappen absolviert werden konnte. Jeder Besucher hatte die Möglichkeit, zu entscheiden, ob er *Woyzeck* oder *Lenz* sehen wollte, ob er sich *Dantons Tod* an diesem oder jenem Abend ansah, auch blieb es ihm überlassen, ob er nach Büchners Revolutionsstück die Agitationsszene *Der Hessische Landbote* miterleben wollte."[84]

Immer wieder waren es Studentenbühnen oder Studentenensembles, die sich mit *Woyzeck* beschäftigten und gute Inszenierungen veranstalteten. 2000 schließlich drang das Stück ins Musical vor:

Musical

Tom Waits und Robert Wilson richteten in Kopenhagen Woyzeck zum Musical-Helden ab „und präsentierten ein grandioses Spektakel aus dem Geist der Jahrmarktsgaukelei"[85]: die *Woyzeck*-Musical-Show.

Herausragend ist in der Wirkungsgeschichte der **Georg-Büchner-Preis**,

Georg-Büchner-Preis

der der namhafteste deutsche Literaturpreis ist. Er wurde 1923 als hessischer Staatspreis zur Kunstförderung gestiftet, zwischen 1933 und 1944 nicht verliehen, seit 1951 vergibt ihn die Deutsche Akademie für Sprache und Dichtung (Darmstadt).

---

84 Ulrich Kaufmann: *Annäherungen an einen Dichter*. Zum Dresdner Büchner-Projekt 1982. In: Werner, 1988, S. 259

85 Wolfgang Höbel: *Liebesmord auf Coney Island*. In: Der Spiegel Nr. 48/2000, S. 316 f.

Zu den Preisträgern gehören Elias Canetti, Christa Wolf, Adolf Muschg, Heiner Müller und Durs Grünbein. In Heiner Müllers Werk finden sich überall Spiegelungen und Brechungen der Werke Büchners. Wie aktuell, ja gegenwärtig er den *Woyzeck* sah, wurde in seiner Büchner-Preis-Rede *Die Wunde Woyzeck* (1985) deutlich:

> *„DIE WUNDE HEINE beginnt zu vernarben, schief; WOYZECK ist die offene Wunde. Woyzeck lebt, wo der Hund begraben liegt, der Hund heißt Woyzeck. Auf seine Auferstehung warten wir mit Furcht und/oder Hoffnung, daß der Hund als Wolf wiederkehrt."*[86]

Preisträger 2000 war Volker Braun, der über den *Woyzeck* sagte:

> *„‚Jeder Mensch is ein Abgrund': Woyzeck. Er sah nicht weit, er sah in sie hinein. Sie mußten aus sich selbst heraus; das war sein Problem, das nicht er löste. Den Abgrund überspringen konnte nicht der Einzelne im Ernst; der Sprung der Geschichte nur immer kann Lösungen bringen."*[87]

2001 erhielt als erst achte Frau unter den 77 Preisträgern die Österreicherin Friederike Mayröcker den Preis, deren Experimentierfreudigkeit die Tradition Büchners nicht leugnet. – 1980 wurde eine eigene „Forschungsstelle Georg Büchner" an der Philipps-Universität Marburg gegründet. Im Entstehen ist eine historisch-kritische Georg-Büchner-Ausgabe, an der Burghard Dedner und Thomas Michael Mayer arbeiten, die alle bisher vorhandenen historisch-kritischen Ausgaben übertreffen wird: Für Büchners schmales Werk sind

---

86 Heiner Müller: *Die Wunde Woyzeck*. In: Heiner Müller: Material. Texte und Kommentare. Leipzig: Reclam, 1989, S. 115

87 Volker Braun: *Büchners Briefe*. In: Volker Braun: Texte in zeitlicher Folge. Bd. 5. Halle-Leipzig: Mitteldeutscher Verlag, 1990, S. 308

18 Bände der *Sämtlichen Werke und Schriften* geplant, die 2012
vorliegen sollen.
Oft wurde Georg Büchner Gegenstand der Dichtung (kleine
Auswahl):

1912 Robert Walser: *Büchners Flucht*
1915 Herbert Eulenberg: *Georg Büchner*
1919 Fritz Gross: *Georg Büchner. Stationen seines Lebens*
1929 Franz Theodor Czokor: *Gesellschaft der Menschenrechte*
1943 Theodor Heinz Köhler: *Die Reise nach Zürich*
1947 Georg W. Pijet: *Ein Komet stürzt ins Dunkle*
1949 Günther Felkel: *Unsterbliche Flamme.* Ein Drama um
      die letzten Stunden G. B.s
1950 Kasimir Edschmid: *Wenn es Rosen sind, werden sie blü-*
      hen, 1966 unter dem Titel: *Georg Büchner. Eine deut-*
      sche Revolution
1956 Hans Jürgen Geerdts: *Hoffnung hinterm Horizont*
1969 Werner Streinberg: *Protokoll der Unsterblichkeit*
1972 Gaston Salvatore: *Büchners Tod.* Stück
1977 Frieder Venus: *Traumtanz.* Szenen aus dem 19. Jahr-
      hundert
1979 Helga Schütz: *Addio, piccola mia* (Film, Regie: Lothar
      Warnecke)
1983 Friedrich Dürrenmatt: *Achterloo* (Komödie)
1988 Werner Makowski: *Schibboleth* (Woyzeck-Variation)

5. Materialien

Die Uraufführung fand am 8. November 1913 anlässlich von Georg Büchners 100. Geburtstag im Münchner Residenztheater statt. Sie fand wohlwollende, aber noch keine überschwängliche Zustimmung:

„Diese vielen kurzen, fast zusammenhanglosen Bilder, von denen einzelne nur aus einem einzigen Satz bestehen, sind in ihrer Gesamtheit von einer erschütternden tragischen Wirkung. Ganz krass naturalistisch sind diese Szenen, aber von einer Wirklichkeit, die hinter den Dingen steht.

Im Grunde ist es eine ganz banale Geschichte. Ein Soldat, der nichts hat, als sein Mädel und sein Kind, denen er alles gibt, was er hat, für die er schuftet und darbt, und als ihn dieser sein einziger Besitz verrät und betrügt mit einem schönen Mann, dem Tambour-Major, der mit langem Bart, wehendem Busch und weißen Handschuhen vor der Musik schreitet, da greift er in der Verzweiflung darüber zum Messer, sticht seinen Schatz tot und ertränkt sich im See. Es ist eine alte Geschichte, rührend und einfach wie ein Volkslied, und wie Volksliedmelodien klingt 's aus den einzelnen Szenen."[88]

Der Nationalsozialismus versuchte sich auch an *Woyzeck*. Stimmungsmalerei, auch Irrtümer seien die Folge des dämonischen Wesens Georg Büchners gewesen. Da er auch durch Fälschungen nicht „zu einem unmittelbaren Vorläufer des ‚Führers‘"[89] gemacht werden konnte, ordnete man ihn in eine Reihe mit Friedrich

---

88 Colin Roß: *Münchener Uraufführungen*. In: Zeit im Bild, 11. Jg., Nr. 48 vom 26. November 1913
89 Lukács, S. 66

Nietzsche, den Expressionisten und Strindberg, machte ihn zum Vorläufer der völkischen „Revolution", indem sie Büchners Menschen als an ein höheres Schicksal ausgeliefert deuteten.[90] Gegen die summierende Reihe wandte sich Georg Lukács 1937:

„Büchner gestaltet die physische und die ideologische Hilflosigkeit Woyzecks gegen seine Unterdrücker und Ausbeuter; also eine reale gesellschaftliche Hilflosigkeit, die vom Sein aus gestaltet ist, deren Wesen Woyzeck, wenn auch nicht klar sieht, so doch wenigstens ahnt."[91]

Immer wieder war das Stück auch ein Experimentiertext, mit dem man machte, was man wollte. Matthias Langhoff polemisierte gegen diese Misshandlungen („Nur wenige Werke der Literatur wurden mit soviel Erfolg so unnachgiebig wie der Büchner'sche *Woyzeck* misshandelt.") und gab selbst eine Interpretation:

„Büchners ‚Woyzeck' ist kein trauriges Märchen, er ist nur in die Hände von Märchenerzählern gefallen; der Versuch würde lohnen, ihn aus diesen Händen zu befreien. Dann wird man auch den Sinn des Märchens der Großmutter in ‚Woyzeck' verstehen, das ein Anti-Märchen ist und keine Moral besitzt und schon gar nichts erklären will; es ist grausam, aber nicht traurig, es spielt mit dem Fatalismus wie mit etwas Vertrautem ohne Erschrecken; es widersetzt sich der Ordnung – ein Endspiel, nicht als Zukunftsvision, sondern als lang andauernder Zustand."[92]

---

90 Ein Vertreter dieser Ansicht war Arthur Pfeiffer (*Georg Büchner. Vom Wesen der Geschichte des Dämonischen und Dramatischen*, Frankfurt a. M. 1934).

91 Lukács, S. 82

92 Langhoff, S. 24

Der Büchner-Preisträger des Jahres 2000 Volker Braun hatte von Beginn seines Schaffens an eine intensive Beziehung zu Büchner und fühlte sich ihm verwandt. Mit Nachdruck stellte er das im Essay *Büchners Briefe* (1977) heraus, in dem er u. a. schrieb:

„Büchners Briefe lesend, muß man sich mitunter mit Gewalt erinnern, daß es nicht die eines Zeitgenossen sind. Er griff nicht nur über den Horizont der bürgerlichen Revolution hinaus: auch an schönen Punkten über den Horizont der sozialistischen. (An eben den Punkten geht auch immer noch die offizielle Phrase über die Wirklichkeit hinweg.) Die Umstände seines Denkens sind aus einem andern Baukasten genommen, aber die Regeln, wonach sie sich zwangsläufig ordnen, sind noch ganze Strecken in Kraft."[93]

Eine interessante, wenn auch widersprüchlich aufgenommene Inszenierung des *Woyzeck* war die Karge/Langhoffs 1980 in Bochum. Es wurde eine auf Sexualität gegründete Inszenierung versucht, weshalb auch der Titel in *Marie. Woyzeck* geändert wurde. Rolf Michaelis beschrieb die Inszenierung:

„Offene Form, Szenenreihung nicht in zeitlichem oder kausal begründeten Nacheinander, dramaturgische Un-Ordnung sind ihnen (der Künstler, R. B.) Beweis für eine neue, bewusst antiklassische, alternative Form des Dramas. Sowenig Büchners Anti-Theater der Gegen-Kultur, wie die Bochumer es verstehen, einen moralisch oder dramaturgisch gerechtfertigten Schluss kennt (das Leben geht ,einfach' weiter, auch nach Mord und Totschlag), sowenig gibt es einen genau terminierten Anfang.

---

93 Volker Braun: *Büchners Briefe.* In: Volker Braun: Texte in zeitlicher Folge. Bd. 5. Halle – Leipzig: Mitteldeutscher Verlag, 1990, S. 294

In Bochum endet das Spiel mit dem einsilbig vieldeutigen ‚So‘, das der klatschnass aus dem Teich watende Woyzeck (Manfred Karge) nach einer langen Pause spricht, in der er das Wasser aus den Schuhen gekippt, aus dem Anzug gewrungen, aus den Haaren geschüttelt hat. Kein Gedanke an Selbstmord, an Schuld. Also auch kein drohender Prozess. "[94]

2001 inszenierte Johann Kresnik Georg Büchners *Woyzeck* **in Hannover und drückte Büchners Drama „den Hals zu":**

„Bei Büchner ist das Menschlein in seiner Not und Notwendigkeit noch nicht endgültig verhandelt. Die Gleichungen, in die Büchner das Paradox, das Freiheitstier stellt, gehen nicht restlos auf. Bei Kresnik ist das Urteil über den Menschen wie ein Groschen längst zu Boden geschappert ... Kresnik fährt Büchners tastenden Rekurs auf die sogenannten Umstände, die den Menschen durchkneten, mit Karacho an die Wand. Die Gesellschaft soll der Totalschaden sein, für den der Einzelne zahlen muss. "[95]

Immer noch ist der banale Kriminalfall von 1821 durch Georg Büchners Dichtung ein seismografischer Vorgang für gesellschaftliche Zustände auch der Gegenwart.

---

94 Rolf Michaelis: *Ein- und Ausfälle eines Ensembles.* Karge/Langhoff inszenierten Büchner in Bochum. In: DIE ZEIT vom 21. November 1980.
95 Eberhard Rathgeb: *Ich kann mir meine Bombe selber basteln. Kein Wort davon bei Büchner: Wie Johann Kresnik in Hannover den Woyzeck in die Luft sprengt.* In: FAZ vom 21. Mai 2001, Nr. 117, S. 50.

Literatur

1) Ausgaben

Büchner, Georg: *Woyzeck*. Studienausgabe. Nach der Edition von Thomas Michael Mayer, hg. von Burghard Dedner. Stuttgart: Reclam, 1999 (Universal-Bibliothek Nr. 18007)
(Nach dieser Ausgabe wird zitiert.)

Büchner, Georg: *Werke und Briefe*. Gesamtausgabe. Hg. von Fritz Bergemann. Leipzig: Insel-Verlag (zuerst 1922); Frankfurt a. M., 1974 (12. Auflage) usw.
(In den Fußnoten zitiert als ‚Bergemann'.)

Büchner, Georg: *Werke und Briefe*. Münchner Ausgabe. Hg. von Karl Pörnbacher, Gerhard Schaub, Hans-Joachim Simm und Edda Ziegler. München: dtv, ³1992 (*Woyzeck*, S. 233–255)

Hans Mayer: *Georg Büchner, Woyzeck. Dichtung und Wahrheit*. Frankfurt a. M. – Berlin: Ullstein, 1963
(Büchners Text, die Gutachten über den historischen Woyzeck und Rezensionen der ersten Aufführungen vereinigen sich in dieser sehr guten Dokumentation.)

Büchner, Georg: *Woyzeck*. Faksimileausgabe der Handschriften. Bearbeitet von Gerhard Schmid. Hg. von Karl-Heinz Hahn. Leipzig: Edition Leipzig (Manu scripta), 1981 (Faksimile, Transkription, Kommentar, Lesartenverzeichnis)
(Diese Ausgabe ist nicht für den Hausgebrauch geeignet, aber ein hervorragendes Anschauungsmaterial.)

Georg Büchner: *Jahrbuch.* Hg. von Thomas Michael Mayer u. a., Frankfurt a. M.: Europäische Verlagsanstalt, 1981–1990, Tübingen, 1991 ff.

2) Lernhilfen und Kommentare für Schüler

Bornscheuer, Lothar: *Georg Büchner. Woyzeck.* Erläuterungen und Dokumente. Stuttgart: Reclam, 1972 (zuletzt 1995) (Universal-Bibliothek Nr. 8117)

Dedner, Burghard unter Mitarbeit von Gerald Funk und Christian Schmidt: *Georg Büchner. Woyzeck.* Erläuterungen und Dokumente. Stuttgart: Reclam, 2000 (Universal-Bibliothek Nr. 16013)

Große, Wilhelm: *Georg Büchner. Der Hessische Landbote/ Woyzeck.* Oldenbourg Interpretationen Band 6. München: Oldenbourg Verlag GmbH, 1997 (2., überarbeitete und korrigierte Auflage)

Kicherer, Friedhelm: *Erläuterungen zu Georg Büchner. Woyzeck.* Hollfeld: Bange Verlag, [3]1999 (Königs Erläuterungen und Materialien, Band 315)

Knapp, Gerhard P.: *Georg Büchner.* Stuttgart: Metzler, [2]1984 (Sammlung Metzler 159)

Meier, Albert: *Georg Büchner. Woyzeck.* München: UTB-Fink, 1980

3) Sekundärliteratur:

Arnold, Heinz Ludwig (Hg.): *Georg Büchner I–III.* München: edition text + kritik, 1979–1981

Beese, Marianne: *Georg Büchner.* Leipzig: Bibliografisches Institut, 1983

Boehncke, Heiner und Sarkowicz, Hans: *Ein Haus für Georg Büchner.* Marburg: Jonas Verlag, 1997
(Beschreibung von Vergangenheit und Zukunft des Geburtshauses, das nach langer Diskussion endlich 1997 saniert und zum Museum wurde.)

Büchner, Georg: *1813–1837, Revolutionär, Dichter, Wissenschaftler* (Katalog der Ausstellung Mathildenhöhe, Darmstadt, 2. August–27. September 1987). Basel, Frankfurt a. M.: Stroemfeld/Roter Stern, 1987

Dedner, Burghard; Glück, Alfons; Mayer, Thomas Michael (Hg.): *Büchner-Studien.* Veröffentlichungen der Forschungsstelle Georg Büchner. Frankfurt a. M.: Athenäum, 1885 ff., Band 1 ff. (Band 2: Jan-Christoph Hauschild: *Georg Büchner. Studien und neue Quellen zu Leben, Werk und Wirkung*)

Fischer, Heinz: *Georg Büchner. Untersuchungen und Marginalien.* Bonn: Verlag Bouvier, [2]1975

Goltschnigg, Dietmar (Hg.): *Georg Büchner und die Moderne.* Texte, Analysen, Kommentar. 3 Bände. Berlin, Bielefeld, München: Erich Schmidt Verlag, 2001–02 (Band I: 1875–1945, Band II: 1945–1980, Band III: 1980–2000)

Hauschild, Jan-Christoph: *Georg Büchner. Mit Selbstzeugnissen und Bilddokumenten dargestellt.* rowohlts monographien Nr. 503, Reinbek b. Hamburg: Rowohlt Taschenbuchverlag, [3]1997
(Kurz gefasste Darstellung der umfangreichen Büchner-Biografie des Verfassers, genau und informativ unter Einbeziehung wichtiger Sekundärliteratur)

Landau, Paul: *Wozzeck.* In: Georg Büchners Gesammelte Schriften. Hg. von Paul Landau, Bd. 1, S. 148–158. Berlin: Paul Cassirer, 1909. Auch in: Wolfgang Martens (s. d.)
(trotz des Alters eine gute Analyse mit zahlreichen Fakten und erläuterten Zusammenhängen; trotz späterer Arbeiten wichtig)

Langhoff, Matthias: *Die Sehnsucht nach einem Theater des Asozialen.* In: Theater heute, Jahrgang 22 (1981), Heft 1, S. 24–37

Loch, Rudolf: *Georg Büchner. Das Leben eines Frühvollendeten.* Berlin: Neues Leben, 1988

Lukács, Georg: *Der faschistisch verfälschte und der wirkliche Georg Büchner.* In: Lukács, Georg: Deutsche Realisten des 19. Jahrhunderts. Berlin: Aufbau-Verlag, 1952, S. 66–88

Martens, Wolfgang (Hg.): *Georg Büchner.* Darmstadt: Wissenschaftliche Buchgesellschaft, 1965 (Wege der Forschung Bd. III)
(Sammlung wichtiger Aufsätze zu Georg Büchner, darunter von Paul Landau, Hans Mayer, Georg Lukács und Franz H. Mautner)

Mayer, Hans: *Georg Büchner und seine Zeit.* Berlin: Aufbau-Verlag, 1960; Frankfurt a. M.: Suhrkamp, 1972 (suhrkamp taschenbuch 58), ⁴1980
(neue und erweiterte Ausgabe des 1946 in Wiesbaden erstmals erschienenen grundlegenden Werkes zu Georg Büchner)

Mayer, Thomas Michael: *Büchner und Weidig – Frühkommunismus und revolutionäre Demokratie.* In: Arnold I/II, S. 16–298

Mayer, Thomas Michael (Hg.): *Insel-Almanach auf das Jahr 1987. Georg Büchner.* Frankfurt a. M.: Insel-Verlag, 1987

Meier, Albert: *Georg Büchner. Woyzeck.* München: UTB-Fink, 1980 (Texte und Geschichte. Modellanalysen zur deutschen Literatur 1)

Poschmann, Henri: *Georg Büchner. Dichtung der Revolution und Revolution der Dichtung.* Berlin und Weimar: Aufbau-Verlag, 1983, ³1988

Seidel, Jürgen: *Georg Büchner.* München: dtv, 1998 (portrait Nr. 31001)

Werner, Hans-Georg (Hg.): *Studien zu Georg Büchner.* Berlin und Weimar: Aufbau-Verlag, 1988

Werner, Hans-Georg: *Dichtungssprache als Analyseobjekt. Büchners Woyzeck.* In: Hans-Georg Werner: Text und Dichtung – Analyse und Interpretation. Berlin und Weimar: Aufbau-Verlag, 1984, S. 236–270

4) Verfilmungen

Wozzek. Deutschland 1947.
Regie und Drehbuch: Georg C. Klaren.

Woyzeck. BRD (Verfilmung für das Fernsehen/ARD/SWF)
1962.
Regie und Drehbuch: Bohumil Herlischka.

Woyzek. BRD (Verfilmung für das Fernsehen) 1964.
Regie: Marcel Bluwal.

Woyzeck. DDR (Verfilmung für das Fernsehen) 1965.
Regie: Lothar Bellag.

Woyzeck. BRD (Verfilmung für das Fernsehen/ZDF/HR) 1966.
Regie und Drehbuch: Rudolf Noelte.

Woyzek. BRD (Verfilmung für das Fernsehen) 1971.
Regie: Joachim Hess.

Woyzeck. BRD 1978.
Regie und Drehbuch: Werner Herzog.

Wodzeck. BRD 1983/84.
Regie und Drehbuch: Oliver Herbrich.

Wie interpretiere ich...?

■ Der Bestseller!

Alles zum Thema Interpretation,
abgestimmt auf die individuellen Anforderungen

✂ Basiswissen
(Einführung und Theorie)
- grundlegende Sachinformationen zur Interpretation und Analyse
- Grundlagen zur Erstellung von Interpretationen
- Fragenkatalog mit ausgewählten Beispielen
- Analyseraster

✂ Anleitungen
(konkrete Anleitung - Schritt für Schritt,
mit Beispielen und Übungsmöglichkeiten)
- Bausteine einer Gedichtinterpretation
- Musterbeispiele
- Selbsterarbeitung anhand praxisorientierter Beispiele

✂ Übungen mit Lösungen
(prüfungsnahe Aufgaben zum Üben und Vertiefen)
- konkrete, für Klausur und Abitur typische Fragen und Aufgaben-
stellungen zu unterrichts- und lehrplanbezogenen Texten mit Lsg.
- epochenbezogenes Kompendium

Bernd Matzkowski
Wie interpretiere ich Lyrik?
Basiswissen Sek. I/II (AHS)
112 Seiten, mit Texten
Best-Nr. 1448-8

Thomas Brand
Wie interpretiere ich Lyrik?
Anleitung Sek I/II (AHS)
205 Seiten, mit Texten
Best-Nr. 1512-6

Thomas Möbius
Wie interpretiere ich Lyrik?
Übungen mit Lösungen, Band 1
Mittelalter bis Romantik
Sek. I/II (AHS),
158 S., mit Texten
Best-Nr. 1513-3

Thomas Möbius
Wie interpretiere ich Lyrik?
Übungen mit Lösungen, Band 2
Realismus bis Postmoderne
Sek. I/II (AHS),
149 S., mit Texten
Best-Nr. 1461-7

Bernd Matzkowski
Wie interpretiere ich Novellen und Romane?
Basiswissen Sek. I/II (AHS)
74 Seiten
Best-Nr. 1495-2

Thomas Brand
Wie interpretiere ich Novellen und Romane?
Anleitung Sek. I/II (AHS)
160 Seiten, mit Texten
Best-Nr. 1471-6

Thomas Möbius
Wie interpretiere ich Novellen und Romane?
Übungen mit Lösungen Sek. I/II (AHS)
200 Seiten, mit Texten
Best.-Nr. 1472-3

Bernd Matzkowski
Wie interpretiere ich ein Drama?
Basiswissen Sek. I/II (AHS)
112 Seiten
Best.-Nr. 1419-8

Thomas Möbius
Wie interpretiere ich ein Drama?
Anleitung
204 Seiten, mit Texten
Best.-Nr. 1466-2

Thomas Möbius
Wie interpretiere ich ein Drama?
Übungen mit Lösungen
206 Seiten, mit Texten
Best.-Nr. 1467-9

Bernd Matzkowski
Wie interpretiere ich?
Sek. I/II (AHS)
114 Seiten
Best-Nr. 1487-7

Bernd Matzkowski
Wie interpretiere ich Kurzgeschichten, Fabeln und Parabeln?
Basiswissen Sek. I/II (AHS)
96 Seiten
Best-Nr. 1519-5

Thomas Möbius
Beliebte Gedichte interpretiert
Sek I/II (AHS)
104 S., mit Texten
Best.-Nr. 1480-8

Eduard Huber
Wie interpretiere ich Gedichte?
Sek I/II (AHS)
112 Seiten
Best.-Nr. 1474-7
Ein kompakter Helfer zum Thema
Gedichtinterpretation.
Das Buch hebt sich durch seine kompakte
Darstellung und seine Methodik von anderen
Interpretationshilfen ab.